JN438796

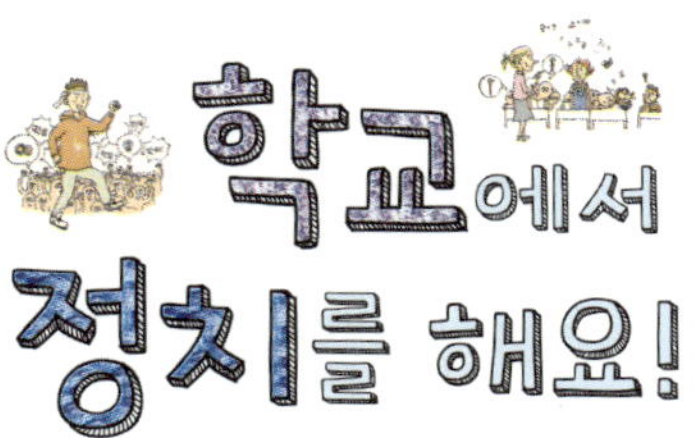
학교에서
정치를 해요!

아이스토리빌 04
학교에서 정치를 해요

초판 17쇄 발행 2024년 1월 4일
글 브리지트 스마자 | 그림 원유미 | 옮김 이희정
펴낸이 도승철 | 펴낸곳 밝은미래
등록 2005년 5월 2일 (제105-14-87935호)
주소 경기도 파주시 회동길 349 3층
전화 031-955-9550 | 팩스 031-955-9555
밝은미래 홈페이지 http://www.bmirae.com
편집 송재우 | 디자인 권영진 | 마케팅 김경훈 | 경영지원 강정희

ISBN 978-89-6546-092-3 74800
ISBN 978-89-92693-30-1 (세트)

Maxime fait de la politique
by Brigitte Smadja

※ 책값은 뒤표지에 있습니다.
※ 이 책은 〈5학년 막심의 천재적 학교생활〉의 개정판입니다.

학교에서 정치를 해요!

브리지트 스마자 글 원유미 그림 이희정 옮김

밝은미래

차례

우리 엄마는 너무 멋져!

“안 돼, 막심. 아직 파스타도 데우지 말고, 식탁도 차리지 마.”

다른 아빠 같으면 이런 말은 절대 하지 않을 것이다. 이럴 때 나는 어떻게 해야 좋을지 모르겠다. 저녁 6시부터 아빠를 진정시키려 했지만 아빠는 그럴수록 더 화를 냈다. 가장 좋은 방법은 엄마가 집에 올 때까지 손가락 하나 까딱하지 않고 미라처럼 가만히 있는 것이다.

에밀리 누나는 남자 친구랑 영화관에 갔다. 누나가 요즘 만나는 남자 친구 이름은 줠이다. 누나가 새 남자 친구를 소개했을 때 아빠는 이름이 1970년대 영화 주인공 이름 같다며 웃다가 죽을 뻔했다. 그냥 하는 이야기가 아니라 목에 빵 조각이 걸리는 바람에 '정말로' 죽을 뻔했다.

월요일은 아빠가 무척 중요하게 여기는 스쿼시를 하러 가는 날이다.

나는 엄마와 아빠가 스쿼시에 대해 이야기할 때 그 자리에 있었다. 엄마는 아빠가 친구들과 운동을 한다고 무척 좋아했다. 아빠한테 운동하라고 귀에 못이 박이도록 이야기하던 참이었기 때문이다.

엄마랑 같이 살려면 자기 일은 알아서 해야 한다.

학교에 가지 않는 수요일(프랑스 초등학교는 수요일에 수업이 없다, 옮긴이 주)이나 주말에 내가 조금 심심해하는 것처럼 보이기라도 하면 엄마는 곧장 권투, 캐스터네츠, 피겨 스케이팅, 색소폰, 보디빌딩이나 등반 등 과외 활동으로 할 만한 것을 알아봐 주었다. 고등학교 교사인 엄마는 학교 일이나 숙제 채점, 장보기, 요리, 청소 말고는 어떤 다른 것도 하지 않으면서 말이다.

"난 운동이라면 딱 질색이야. 하지만 그렇다고 식구들 다 운동을 싫어하면 안 되지."

엄마 머릿속은 이렇듯 여러 가지 원칙으로 가득 차 있다. 아빠 역시 마찬가지지만, 그 원칙들은 엄마 것과는 사뭇 다르다.

"내가 1주일에 딱 하루 오롯이 나를 위해 쓰는 저녁 시간이라고! 그런데 벌써 9시가 넘었어! 네 엄만 도대체 지금까지 어디서 뭘 하고 있는 걸까?"

아빠가 엄마를 '네 엄마'라고 부르면 엄마한테 감정이 썩 좋지 않다는 뜻이다.

"네 엄마는 참 대단한 사람이야! 한 해가 시작될 때면 늘 1주일에 한 번은 운동을 하라고 하지. 두 번도 좋다고 해. 너도 기억하지, 막심? 스쿼시 클럽을 알아봐 준 사람도 엄마고, 엄마가 다 정해 줬잖니. 그런데 아직 집에 안 왔어. 6시면 집에 와 있어야 하는데. 엄마는 어린 아들이 있다는 것도 잊어버렸나 보다. 잊어버린 게 틀림없어!"

"아빠, 난 열두 살이에요. 엄마는 아빠가 스쿼시 하러 간 동안 내가 에밀리 누나랑 있을 거라고 생각했을 거예요."

"네 엄마는 에밀리가 오늘 저녁에 쥘이랑 록 콘서트에 간다는 걸 알고 있어."

"랩이에요."

"그게 그거지."

나는 록과 랩이 어떻게 다른지 아빠한테 설명해 주지 않았다. 사실 아빠도 록과 랩의 차이점을 잘 알고 있었다. 에밀리 누나가 일요일 하루 날을 잡아 아빠한테 랩이 뭔지 구구절절 설명해 주었기 때문이다. 누나는 토요일마다 친구들과 함께 랩 음악에 맞춰 춤을 연습하기로 했지만, 아빠는 집에 거지 꼴을 한 아이들을 들일 수 없을 뿐 아니라 야만적인 음악 때문에 고막이 터질 것 같다며 길길이 화를 냈다.

하지만 아빠 생각은 틀렸다.

에밀리 누나랑 친구들은 랩을 정말 잘 한다. 누나는 토요일마다 친구들과 연말에 있을 콘서트 연습을 했고 나한테도 볼 수 있도록 허락했는데, 거실 마룻바닥에 미끄러지며 정말 로봇처럼 춤을 춘다. 나도 그런 춤을 배우고 싶은데, 에밀리 누나는 늘 내가 너무 어리다고만 한다.

엄마는 랩을 별로 싫어하지 않는다. 토요일마다 귀에 귀마개를 꽂고 에밀리 누나와 친구들에게 콜라 열 병을 사다 준다. 그게 엄마만의 요령인 셈이다.

누나가 랩 음악에 맞춰 춤을 연습하는 동안 나는 색소폰 연습을 한다. 색소폰은 작년부터 시작했다. 누나 친구들은 내게 색소폰에 재능은 있지만 타악기를 배우는 게 더 나았을 거라고 말했다. 그 형들은 아무것도 모른다.

"엄마가 회의 있다고 했니?"

"아뇨. 회의는 지난 주에 있었어요."

"확실해?"

"네."

"난 기억이 안 나는데."

"에밀리 누나가 날 봐 줬어요."

"나는 어디에 있었고?"

"아빠도 회사에서 회의가 있었잖아요."

"그러면 학급 회의가 있거나 다음 번 교무 회의를 준비하는 건 아닐까? 하여튼 선생님들은 자기가 없으면 아무것도 안 된다고 생각한다니까! 도대체 무슨 일인 거야?"

"아빠, 나 배고파요."

"잠깐만 기다려. 네 엄마가 알아야 할 게 있어. 아빠가 네 엄마 때문에 미칠 것 같다는 거야. 알겠니, 막심!"

"아빠가 그 얘기를 한 지 벌써 20년째예요."

"네 엄마 때문에 20년째 미칠 것 같으니까."

"그럼 이혼해야겠네요."

"뭐? 너 지금 뭐라고 했니, 아들?"

아빠는 남의 말을 재치 있게 맞받아치고 우스갯소리 하는 걸 좋아하지만 다른 사람이 그러면 몹시 당황한다.

"이혼하시라고요. 미친 아빠보다는 이혼한 아빠가 차라리 나으니까요."

내가 이겼다. 아빠가 웃음을 터뜨린 것이다. 아빠는 오른쪽 허벅지를 치며 뒤로 돌아섰다. 엄마는 늘 아빠 웃음이 마치 병처럼 전염성이 있다고 했는데 정말 그렇다.

바로 그 때 기다렸다는 듯 엄마가 들어왔다. 아마 복도에 숨어 있다가 우리 웃음소리를 듣고 부엌으로 곧바로 들어온 모양이었다. 내가 엄마라면 그랬을 것이다.

엄마가 5분만 일찍 들어왔어도 아빠가 마음껏 화를 냈을 텐데, 딱하게도 한창 웃던 중이라 아빠는 화를 낼 순간을 놓쳐 버렸다.

"먹을 것 좀 남겨 뒀어? 배고파서 죽을 것 같아."

천연덕스러운 엄마의 말에 아빠가 화낼 기회를 잡았다. 아빠는 손으로 머리칼을 쓸어 올리며 무서운 얼굴로 말했다.

"당신 생각이 있는 거야? 지금 도대체 몇 시인 줄 알기나 해?"

"배꼽시계 울리는 걸 보니 10시쯤일 것 같은데, 왜?"

엄마는 웬만한 말에는 꿈쩍도 하지 않는다. 신경이 거슬리는 일이 있으면 아무것도 모르겠다는 듯 행동한다. 엄마는 그런 태도를 누가 뭐래도 아무렇지도 않은 듯 행동하는 '쇠귀에 경 읽기 작전'이라고 부르고, 아빠는 그럴 때마다 늘 불 같이 화를 내곤 한다.

아빠는 엄마에게 월요일은 아빠가 스쿼시 하는 날이고, 에밀리 누나가 집에 없으며, 먹을 것도 하나도 없다고 말했다.

"이번 주에 내가 장을 봐야 한다는 걸 까맣게 잊어버렸지 뭐야. 용서를 비는 의미에서 다음 주까지 두 주 동안 내가 장을 볼게. 그러면 되겠지?"

엄마가 이렇게 말하자 아빠는 할 말을 잃었다. 테니스로 치자면 네트 가까이에서 기다리고 있는데 상대 선수가 멀리 뒤쪽으로 공을 내리꽂은 격이었다.

엄마 아빠는 몇 마디 말을 더 주고받았지만, 내 생각에 이미 승부는 결정이 나 있었다.

우리 세 사람은 파스타 한 접시를 앞에 두고 앉았다. 엄마는 뚝딱뚝딱 요술을 부려 차가운 인스턴트 면을 금세 입에 살살 녹는 크림치즈 파스타로 둔갑시켰다.

"어쨌든 지금까지 어디에 있었는지는 말해 줄 수 있겠지?"

아빠 목소리에는 근심이 가득 차 있었다. 참 이상하다. 아빠는 뭘 그렇게 걱정하는 거지? 엄마는 에밀리 누나보다 스물네 살이나 더 많다. 그 정도 나이면 가고 싶은 데 마음대로 갈 수도 있는 것 아닌가?

"교사 모임에 갔었어."

"어디에 갔다고?"

"교, 사, 모, 임."

"뭐라고?"

나는 아빠가 엄마 때문에 미치다 못해 바보가 된 건 아닌가 하는 생각이 들었다. 아직 화가 덜 풀린 건 아닌 것 같았다. 디저트로

뜨거운 코코아랑 바닐라 아이스크림을 꺼내는 걸 보니, 보나마나 이제 엄마 아빠는 "이 닦는 거 잊지 마라."라고 하면서 나를 침대로 보내려는 모양이다.

"귀먹었어, 당신?"

"그러니까 그게 도대체 무슨 이야기야?"

"정부 정책에 화가 나서 무슨 일이든 하고 싶다는 이야기야."

아빠는 말도 안 되는 소리를 하는 여섯 살짜리 어린아이를 보듯 엄마를 바라보며 미소지었다.

"여보, 그러니까 아직도 세상을 바꾸고 싶다는 거야?"

나는 엄마가 예전에 세상을 바꾸고 싶어했는지는 몰랐지만, 그다지 놀라지는 않았다. 지난 주에도 엄마는 벤치에서 자고 있는 지하철 노숙자들을 보고 슬픈 얼굴로 마구 화를 내며 이렇게 말했기 때문이었다.

"저 사람들은 아직 서른 살도 채 안 된 것 같은데……. 프랑스에서 이런 일이 벌어지다니 말도 안 돼! 세상은 너무 불공평하고, 점점 더 나빠지고 있어."

지하철에서 살고 벤치에서 잠을 자면 무척 슬플 것 같았기 때문에 나는 엄마 말이 옳다고 생각했다.

"이런 상황이 계속되어선 안 돼. 경제에 우리 아이들을 계속 희생시킬 순 없어!"

그 말을 듣고 나는 《땡땡의 모험-태양의 신전》(벨기에 작가 에르제가 쓴 모험을 소재로 한 만화로, 프랑스 어린이들 사이에서 인기가 높다, 옮긴이 주)의 한 장면처럼 나랑 내 친구들이 꽁꽁 묶여 장작불 위에 내동댕이쳐지는 모습을 상상했다. 태양의 신 제우스는 들어 봤어도 '경제'라는 신은 처음 들었다.

아빠가 말했다.

"경제를 무시할 수는 없지."

"그렇다고 모든 학생에게 배우고 교양을 쌓을 기회를 주지 않는다는 게 말이 돼? 나라고 기술 고등학교에서 아무 희망도 없고 열등감에 젖은 아이들을 가르치는 게 쉬운 줄 알아?"

나는 안도의 한숨을 내쉬었다.

희생된다는 아이들은 내가 아니라 엄마가 가르치는 고등학생 형과 누나 들이었던 것이다. 하지만 아빠와 나는 아직 안심할 수 없었다. 엄마의 눈이 금방이라도 눈물을 쏟을 듯 촉촉해졌기 때문이다.

엄마는 갑자기 벌떡 일어서더니 벽 쪽을 바라보며 말했다.

"사람들은 이제 교사를 지식을 전달하는 스승으로 여기지 않아. 적당히 비위나 맞추고, 대충 점수나 주고, 졸업장이나 팔아치

우라고 하지. 나는 내 직업을 사랑하지만, 도저히 이렇게는 살 수 없어. 나한테 이건 당신이 스쿼시 하는 것보다 훨씬 더 중요한 문제라고!"

말을 마친 엄마는 다시 자리에 앉았고, 잠시 동안 입을 꾹 다물었다.

엄마 말이 다 이해가 되지는 않았지만 엄마는 굉장히 멋있었다. 아빠랑 나 말고는 아무도 없는 부엌에서 마치 50명쯤 모여 있는 청중 앞에 있는 것처럼 포크를 흔들며 열변을 토하는 모습이라니! 그런 엄마가 대통령처럼 보여 나는 하마터면 박수를 보낼 뻔했다.

막심의 인물관계도
호감 관계
그저 그런 관계
일방적 관계
꽝
아빠
가정적이나 약간 소심하다.
스쿼시가 유일한 취미이다.
엄마
고등학교 교사.
사회 문제에 관심이 많다.
누나
랩 음악을 사랑하는 환경주의자.
동생 막심을 은근히 질투한다.
엘로이즈
막심이 좋아하는 소녀.
머리도 길고 발도 빠른데다
똑똑하기까지 하다.
르네
다혈질이며 힘이 세다.

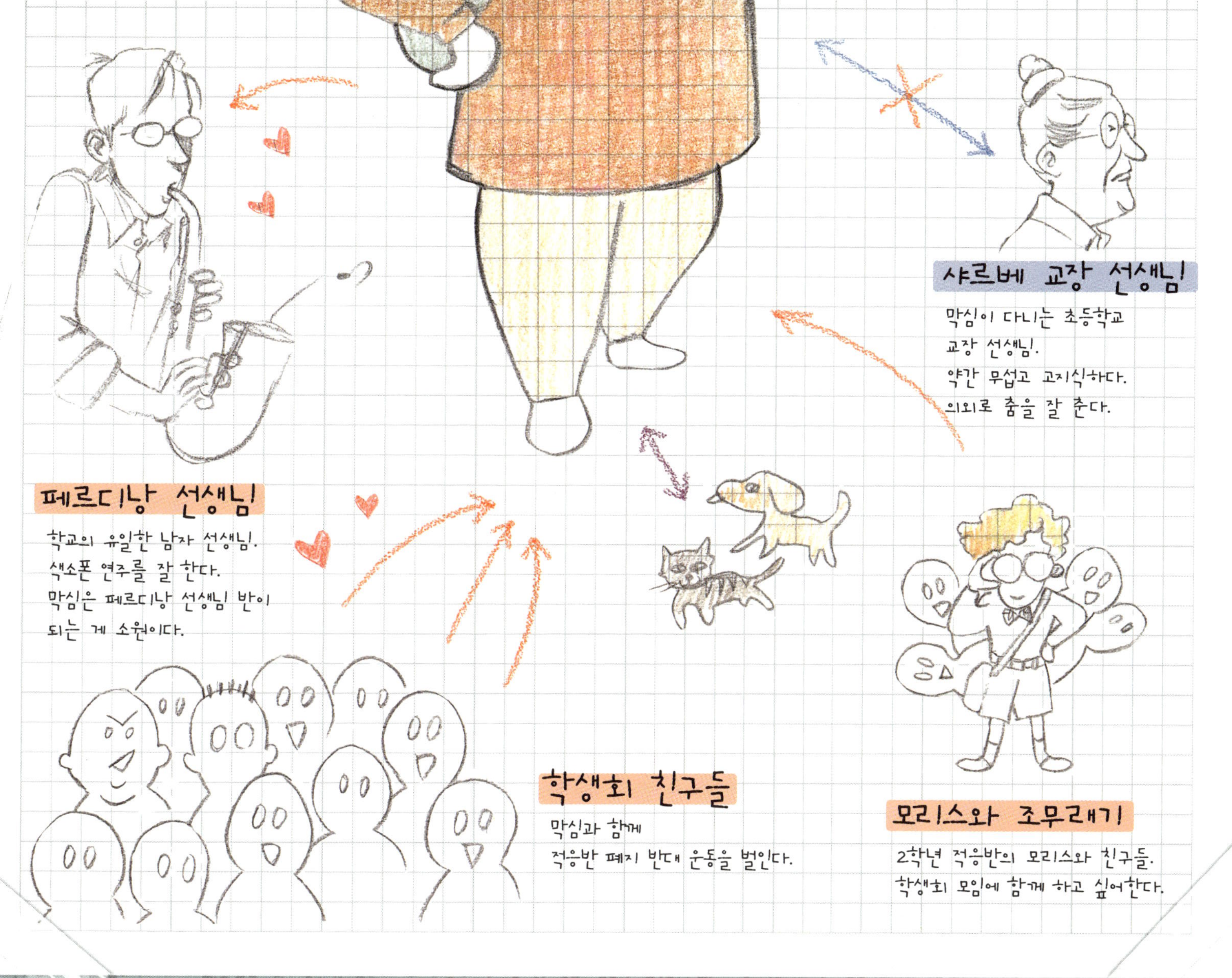
샤르베 교장 선생님!
막심이 다니는 초등학교
교장 선생님.
약간 무섭고 고지식하다.
의외로 춤을 잘 춘다.
페르디낭 선생님!
학교의 유일한 남자 선생님!
색소폰 연주를 잘 한다.
막심은 페르디낭 선생님 반이
되는 게 소원이다.
학생회 친구들
막심과 함께
적응반 폐지 반대 운동을 벌인다.
모리스와 조무래기
2학년 적응반의 모리스와 친구들.
학생회 모임에 함께 하고 싶어한다.

그냥 두고 볼 순 없어요

페르디낭 선생님은 우리 학교 학생이라면 누구나 한 번쯤은 담임으로 만나고 싶어하는 선생님이다.

여자 선생님밖에 없는 학교에 유일한 남자 선생님이라는 게 첫 번째 이유이고, 두 번째 이유는 교실에서 색소폰을 불기 때문이다. 시 암송 수업 같은 때 페르디낭 선생님은 배경 음악을 색소폰으로 불어 준다. 우리 반 담임 마리 엘렌 선생님 같으면 어림도

없다. 너무 말라서 색소폰을 들 힘조차 없을 것이다.

페르디낭 선생님 반 아이들은 매학년 말이면 연극 한 편을 공연한다. 페르디낭 선생님도 온통 하얀 옷으로 차려입고 학생들과 무대에 함께 서서, 가끔씩 짧은 색소폰 곡을 연주한다. 색소폰 연주를 곁들인 몰리에르(프랑스의 극작가이자 배우, 프랑스 고전극을 대표하는 인물, 옮긴이 주) 연극은 정말 근사하다. 그래서 나는 그 연극을 보고 난 뒤로 일생일대의 세 가지 커다란 계획을 세웠다. 첫 번째는 선생님이 되겠다는 것, 두 번째는 색소폰 연주자가 되겠다는 것, 그리고 세 번째는 몰리에르 연극 연출가가 되겠다는 것이다.

작년에 페르디낭 선생님은 친구들을 학교에 데려와서 함께 재즈와 록 음악을 연주했다. 음악에 맞춰 모두 춤을 췄고, 심지어 교장 선생님까지 춤을 추는 사건이 벌어졌다. 샤르베 교장 선생님이 록 음악에 맞춰 춤을 추리라고는 아무도 상상조차 하지 못했다. 내 생각에는 페르디낭 선생님이 교장 선생님한테 술을 권해서 교장 선생님이 취했던 것 같다. 교장 선생님이 춤을 추자 모두 손뼉을 치며 웃어 댔다.

나 말고는 모두 페르디낭 선생님 반이 한 번씩은 되어 보았다. 나는 새 학기가 시작될 때마다 간절히 기도했지만, 페르디낭 선생님 반으로 가는 행운을 단 한 번도 얻지 못했다.

생각다 못해 엄마한테 손을 써 달라고 부탁하기까지 했다.

학기 말이 되면 부모님들이 교장실에 모여서 문을 닫고 자기 아이가 나디아 선생님, 마리 엘렌 선생님, 소피 선생님, 특히 페르디낭 선생님 반이 되게 해 달라고 부탁하곤 했다. 하지만 우리 부모님은 한 번도 그런 적이 없었다. 엄마는 그런 자리에 가는 걸 정말 싫어한다. 그리고 무슨 일이 되었건 교장 선생님에게 부탁을 한다는 것은 있을 수 없는 일이며, 교사로서 그런 관행을 매우 부끄럽게 생각한다고 입버릇처럼 말했다. 엄마는 부모님들의 그런 행동을 '치맛바람'이라고 불렀다.

나는 엄마가 옳은지 잘 모르겠다. 내가 아는 건 지난 4년 동안 애타게 페르디낭 선생님 반이 되기만을 기다렸지만 지금은 이미 늦었다는 것이다. 페르디낭 선생님은 저학년만 가르치는데 나는 이제 고학년이다. 그래도 혹시나 이번 학기에는 페르디낭 선생님 반이 될까 기대해 보았지만, 개학날 새 반 담임이 마리 엘렌 선생님이란 걸 알게 되었다. 내가 무척 실망하자 아빠는 기대 따윈 하지 말라고 말했다. 그 날은 아빠도 내 기운을 북돋워 줄 기분이 아니었고, 희망 따윈 없다고 생각하는 것 같았다.

8시 반이 되자 수업 종이 울렸다. 오늘 아침에는 동사변화 쪽지시험이 있다. 나는 줄을 서러 갔다. 우리 선생님은 줄을 세우는 것에 무척 집착한다.

"둘씩 짝지어 서라. 뒷사람들, 앞사람 밀지 말고 조용히 해."

하지만 페르디낭 선생님 반 아이들은 줄을 서는 법이 없다. 심지어 스펀지볼을 가지고 노는 아이들도 있다. 스펀지볼 놀이는 우리 학교에서 가장 유행하는 놀이다. 학교에 공을 가져오는 것이 금지되어 있지만 아이들은 책가방에 스펀지볼을 넣어 와서 교정에서 주고받으며 놀곤 한다.

하루는 페르디낭 선생님이 나를 붙잡고 말했다.

"교정에서 공 가지고 노는 게 금지되었잖니. 몰랐어, 막심?"

주위에 친구들이 있었지만 아무도 내 편을 들어주지 않았다. 교장실에 불려가 잔소리를 듣기 일보 직전이었다. 10년 만에 한 번 술에 취해서 록 음악에 맞춰 춤을 추긴 했지만, 교장 선생님은 평소에는 무척 엄했다.

나는 페르디낭 선생님을 똑바로 바라보며 대답했다.

"이렇게 쪼그마한 공인데 한 번만 봐 주세요."

약간 건방지다고 생각했지만 큰맘 먹고 말해 보았다. 아빠 엄마한테도 건방진 말과 우스갯소리를 하곤 하기 때문이었다.

페르디낭 선생님은 웃었고, 내 어깨를 살짝 치며 스펀지볼만 압수해 갔다. 나는 엄마가 '치맛바람'에 합세하지 않은 것이 다시 한 번 아쉬워졌다.

마리 엘렌 선생님과 페르디낭 선생님은 교정에서 다른 선생님들과 함께 계속 이야기하는 중이었다. 시계를 보니 8시 43분이었다.

우리 반 줄은 완전히 엉망이 되었지만 마리 엘렌 선생님은 전혀 신경 쓰지 않았다. 소니아, 베르티와 루이는 고무줄놀이를 하고 있었고, 엘로이즈는 내게 스펀지볼이 있으면 루이, 르네와 함께 놀자고 했다. 나도 스펀지볼이 있었으면 좋겠다.

엘로이즈는 웬만한 남자 아이보다 발이 훨씬 빠르다. 다행히 아직은 내가 더 빠르지만 엘로이즈한테 따라잡힐까 봐 은근히 걱정이 된다. 그러면 무척 창피할 것 같기 때문이다. 지난 주에 베르티는 내가 엘로이즈를 좋아하는 걸 온 학교 아이들이 다 알고 있다고 말해 주었다. 나는 대답 대신 그 애 발을 걸어 버렸다.

나는 선생님들 쪽으로 갔다.

페르디낭 선생님은 무척 화가 나 있었다.

"그거 아세요? 당장 다음 학기부터 우리 학교 적응반 두 개를 없애 버린대요!"

올해 3학년 적응반을 맡은 소피 선생님이 소리쳤다.

2008MS

"말도 안 돼요!"

페르디낭 선생님이 덧붙였다.

"우리 아이들을 희생시키려는 거예요!"

또다시 희생 얘기다. 엄마한테 이 이야기를 들려줘야겠다. 그러면 엄마도 자신을 이해하는 사람이 적어도 한 명은 있다는 사실을 알게 될 테니까. 아빠는 희생 따위에는 관심도 없고 그냥 내버려 둬도 상관 없다고 생각하니 말이다.

3학년 때 나는 페르디낭 선생님이 맡고 있는 적응반에 가고 싶었다. 운 좋게도 루이는 두 자릿수 곱셈을 전혀 몰라서 1년 내내 페르디낭 선생님한테 배울 수 있었다. 나는 수학 시험에서 일부러 낙제 점수를 받으려고도 해 보았고, 읽기를 잘 못하는 척도 해 보았지만 아무도 믿어 주지 않았다.

4학년 때 루이는 다시 우리와 함께 공부하게 되었고, 페르디낭 선생님은 계속해서 3학년 적응반을 가르쳤다.

마리 엘렌 선생님이 고개를 숙이며 중얼거렸다.

"선생님인 우리들을 무시하는 처사죠."

소피 선생님이 학생들을 바라보며 말을 이었다. 한 학생이 제라늄 꽃을 꺾고 있었지만 신경도 쓰지 않았다.

"그런 일은 있을 수 없어요. 수업을 따라잡지 못하는 아이들은 어떻게 해요?"

"적응반은 그런 아이들이 실력을 향상시킬 수 있는 유일한 방법이에요. 도대체 정부는 뭐 하는 데인지 모르겠네요!"

페르디낭 선생님은 엄마가 그랬듯 앞을 똑바로 바라보며 열변을 토했다.

그러자 마리 엘렌 선생님이 소리쳤다.

"페르디낭 선생님 말이 옳아요. 그냥 두고 보면 안 되겠어요!"

마리 엘렌 선생님은 소리를 지를 분도 아니고, 벌써 15분 전에 우리가 교실에 들어갔어야 한다는 걸 잊을 분이 아니었다. 그런 선생님까지 세상을 바꾸고 싶어하는 것을 보니 정말 뭔가 단단히 잘못되어 가고 있는 듯했다.

그게 아니면 혹시 마리 엘렌 선생님이 페르디낭 선생님을 좋아하는 건가?

베르티 이야기를 들으면 선생님들끼리 서로 좋아하기도 하는 모양이었다. 그 애는 누구랑 누가 좋아한다는 이야기라면 귀신같이 주워듣고 전해 준다. 심지어 어떤 남자 선생님이 여학생을 좋아하는 것 같다는 이야기까지 해 주었다.

나는 베르티같이 터무니없는 말만 하는 아이가 과연 6학년이 될 수 있을지 정말 궁금했다.

마리 엘렌 선생님이 우리가 줄을 서지 않았다는 사실조차 알아차리지 못한 일은 처음이었다.

다행히 동사변화 쪽지시험이 다음 주로 미뤄졌다. 나는 동사변화를 모두 외웠지만, 마리 엘렌 선생님은 늘 실생활에서 절대로 쓰이지 않을 것 같은 문장을 만들어 아무도 10점 만점을 받지 못하도록 함정을 팠다. 선생님은 10점을 무척 싫어하는 것 같다.

쉬는 시간이 되자 선생님들이 또다시 모여 이야기를 시작했다. 선생님들은 이야기를 하면 할수록 점점 더 화가 치밀어오르는 듯했다. 페르디낭 선생님이 특히 열을 내는 걸 보니 학교 일뿐만 아니라 일상 생활에도 심각한 일이 벌어지는 모양이었다.

나는 곰곰이 생각하다가 페르디낭 선생님이 마리 엘렌 선생님을 좋아할 리가 없다는 결론을 내렸다. 마리 엘렌 선생님은 정말 빼빼 말랐기 때문이었다.

막심의 하루
중요도 50%
기상
아함, 졸리다~ 졸려!
중요도 30%
골고루 먹어야 해요!
요! 랩교!
아침 식사
오늘은 쪽지시험이 있는 날인데…
중요도 120%
안녕!
안녕!
School Bus
기다려! 엘로이즈!
학교 버스 안

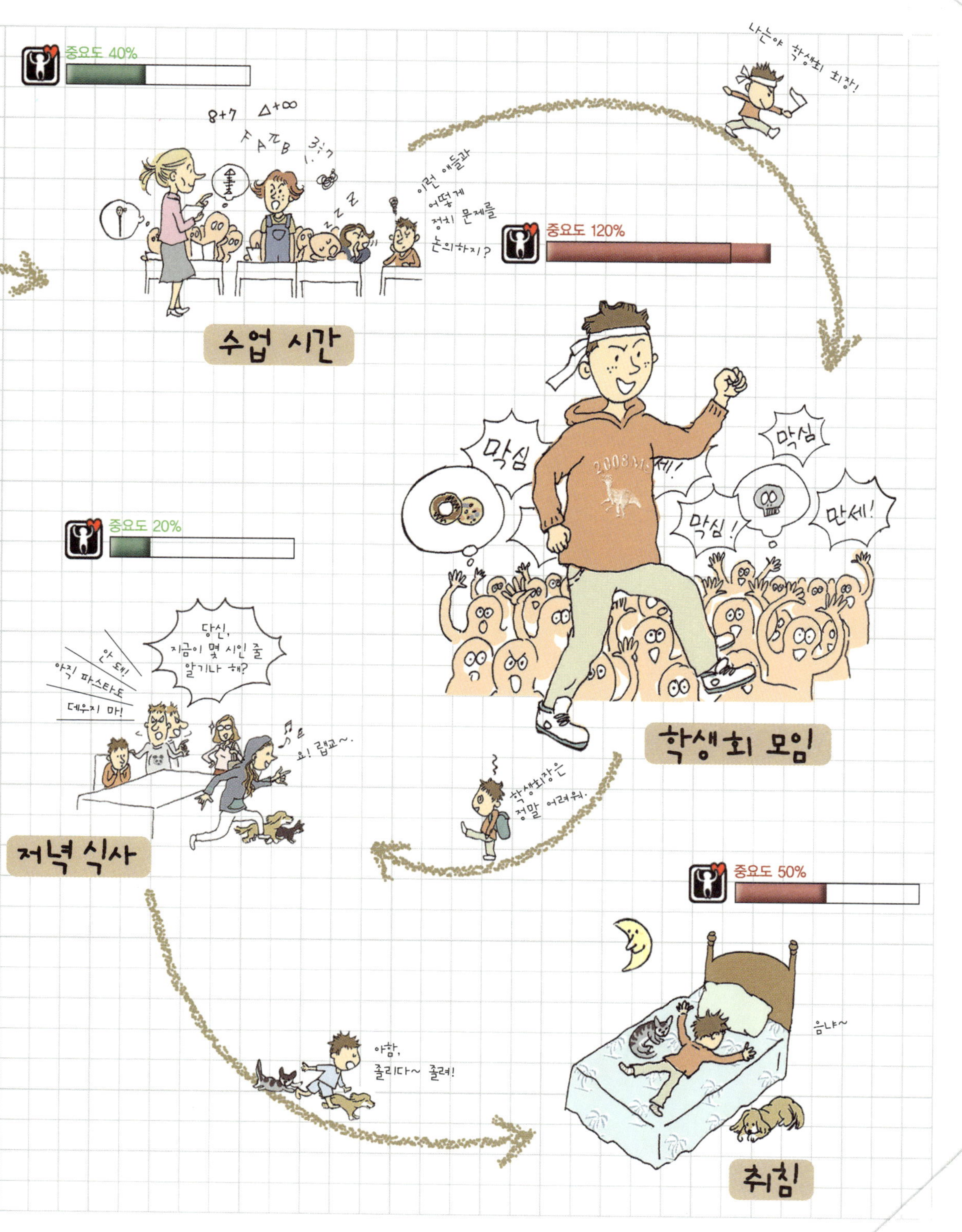
중요도 40%
이런 애들과 어떻게 정치 문제를 논의하지?
수업 시간
나는야 학생회 회장!
중요도 120%
막심
막심
막심!
만세!
학생회 모임
학생회장은 정말 어려워.
중요도 20%
당신, 지금이 몇 시인 줄 알기나 해?
안 돼! 아직 파스타도 데우지 마!
요! 랩교~.
저녁 식사
중요도 50%
음냐~
아함, 졸리다~ 졸려!
취침

비밀 초대장을 쓸 테야!

나는 엄마한테 학교에서 있었던 일을 다 이야기해 주고 싶어서 엄마가 돌아오기를 초조하게 기다렸다. 에밀리 누나한테 이야기를 해 보았지만 누나는 콧방귀만 뀌었다.

"적응반이 도대체 뭔데?"

"수업을 다른 아이들만큼 빨리 따라가지 못하는 아이들이 들어가는 반이야."

"수업을 못 따라가면 공부를 해야지. 공부를 안 하면 낙제할 수밖에 없는 거 아냐."

"그런 아이들한테 배울 기회를 주고 도와주기 위해 적응반이 있는 거야."

"말을 잘 못 알아듣는 아이들한테는 선생님들이 설명을 더 잘 해주면 되지. 고등학교에선 적응반 같은 거 꿈도 꾸지 마. 대학입시가 코앞에 닥치면 다 알게 될 거야."

"그건 정치적인 문제야."

이 말은 마지막 쉬는 시간에 페르디낭 선생님이 교장 선생님에게 한 말이었다. 교장 선생님은 아무런 말도 하지 않았다. 하지만 에밀리 누나는 필요할 땐 입을 다물 줄 아는 교장 선생님 같은 사람이 아니다.

"막심, 정치 따윈 밥맛이야."

누나는 간혹 이렇게 나를 열받게 한다.

"아, 그러셔! 그럼 백화점에서 물건 훔치는 건 어떤데?"

에밀리 누나의 얼굴이 하얗게 질렸다. 천하의 누나라도 그 질문에는 꼼짝도 못한다.

지난 달에 누나가 백화점에서 털실 한 타래를 훔쳤는데, 순전히 내 덕분에 부모님한테 걸리지 않고 넘어갔기 때문이었다. 누나는 쥘 형의 생일 선물로 줄 손뜨개 목도리를 마무리해야 했는데 돈이 모자라서 털실을 살 수 없었다. 그래서 털실을 슬쩍 했고, 그 일로 백화점 책임자한테 전화가 왔다. 부모님이 아직 퇴근을 하지 않아서 집에 혼자 있던 나는 전화로 자초지종을 듣고, 에밀리 누나가 다시는 도둑질을 하지 않을 것이며 그런 바보 같은 짓을 한 이유는 순전히 사랑에 빠졌기 때문이라고 설명했다. 그러자 전화를 건 아저씨가 말했다.

"사정이 그렇다면 이번만큼은 그냥 넘어가도록 하지."

부모님께 입을 다무는 대가로 쥘 형은 내게 무설탕 껌 열다섯 통을 주었고, 에밀리 누나는 랩 연습을 보러 와도 좋다고 허락해 주었다.

"너 아빠 엄마한테 그 얘기 할 거야?"

"당연히 아니지. 절대 안 해!"

"널 믿어도 될까?"

"물론이지! 그런데 누나가 생각할 때 내가 선생님들을 도와서 적응반을 살리는 데 뭐라도 할 수 있을 것 같아?"

"내 생각엔 아무것도 못할 것 같아. 나는 시위에 몇 번 가 본 적이 있거든. 엄마가 싫다는 나를 데리고 억지로 몇 시간 동안 끌고 다녔지. 비까지 오는데 말이야! 그래서 나도 내 친구들이랑 시위를

해 봤는데 별로 소용이 없더라고. 차라리 랩을 하는 게 나아. 적어도 폼은 나잖아!"

에밀리 누나가 늘 바보 같은 짓만 하는 건 아니다. 하지만 친구들이랑 랩 음악에 맞춰 춤을 추는 거랑 쥘 형이랑 데이트하는 것 말고 누나 머릿속엔 도대체 무엇이 들어 있을까?

에밀리 누나는 지구가 곧 폭발할 것이고, 지구인들이 모두 숨을 쉬지 못해서 죽어 버릴 거라고 걱정한다. 그래서 누나는 엄마가 담배 피우는 것을 싫어하고, 집을 오염시킨다고 엄마한테 잔소리한다. 그 점에 있어선 아빠도 누나와 의견이 같다. 두 사람의 머릿속은 지구 종말에 대한 생각으로 가득 차 있다.

환경주의자인 에밀리 누나는 친구한테 아마존 밀림을 지켜야 한다는 메시지가 담긴 스팅(영국의 유명한 가수, 옮긴이 주)의 포스터를 무척 비싼 값에 샀다. 누나는 가수 스팅을 무척 좋아하고, 스팅이 비록 랩을 하지는 않지만 아마존 밀림을 지켜야 한다고 생각하는 것은 지금도 마찬가지일 거라고 믿는다. 물론 쥘 형은 아무것도 모른다.

나는 에밀리 누나랑 더는 아무 이야기도 하고 싶지 않았다. 학교에서 반 두 개가 없어진다는데도 전혀 관심이 없는데 열일곱 살씩이나 나이를 먹는 게 무슨 소용인가 싶었기 때문이다.

아빠는 스쿼시밖에 모르고 에밀리 누나는 랩밖에 모른다. 드디어 엄마가 왔다. 나는 엄마라면 내 의견에 맞장구를 쳐 줄 거라고 확신했고, 에밀리 누나랑 이야기하면서 떠오른 아이디어를 이야기해 주었다. 나는 내가 뭔가 할 수 있을 거라고 생각했고, 그게 뭔지 알 것 같았다. 바로 '학생회'를 만드는 거였다.

엄마는 학생회는 학생들이 많이 가입할수록 좋은 거라고 이야기하며 딱 한 마디 덧붙였다.

"네가 알아서 하렴."

엄마는 페르디낭 선생님 의견에 전적으로 '동의'했고, 선생님들을 '지지'한다고 했으며, 내 아이디어에 '공감'한다고 했지만, 그다지 잘 될 거라고 생각하지는 않는 것 같았다.

"우리가 할 수 있는 일이 없을까요? 엄마는 모임에 많이 가잖아요. 아빠는 엄마가 세상을 바꾸고 싶어한다고 하던데요."

"난 내가 할 수 있는 일을 한단다, 막심. 그런데 너희들이 뭘 할 수 있을지 엄마는 잘 모르겠어. 그래도 하고 싶으면 해 보렴. 네가 알아서 한번 잘 해 봐."

엄마는 학생회를 과외 활동쯤으로 여기는 듯했다. 나는 모든 사람들에게 동사변화를 배우기보다 학생회를 만드는 것이 훨씬 더 쉽다는 것을 보여 줄 참이었다.

2008

우선 반 아이들을 집에 모두 초대할 작정이었다. 하지만 그러면 계단이 시끌벅적해져서 관리인 아주머니가 꾸중을 할 테고, 아빠가 무척 화를 낼 것이며, 집 주인이 우리를 쫓아내서 우리 가족이 지하철이나 공원 벤치로 나앉게 될지도 모른다.

꾀를 짜내야 했다. 아이들이 부모님들한테 수요일 과외 활동을 빼먹을 수 있는 핑계를 대고, 우리 집 건물 5층 계단을 눈에 띄지 않게 올라올 수 있도록 하려면 말이다.

부모님들은 우리가 아직 꼬마라고 생각하시니 정치적인 모임을 한다고 하면 싫어하실 게 뻔하다. 그러니 비밀로 해야 한다.

나는 초대장을 한 장 써서 문방구에서 스물일곱 장 복사했고, 쉬는 시간에 몰래 아이들에게 나누어 주었다.

수요일 오후 2시에 우리 집에서 정치적인 모임을 한다.
이번 주 수요일에 오지 않으면 모임에 영영 참석하지 못할 것이다.
계단에서 소란을 떨면 집으로 돌아가야 한다.
부모님께는 막심이 간식 모임을 연다고 말씀드려라.
모임은 철저히 비밀로 한다.
이 초대장은 읽자마자 찢어 버릴 것.

막심

도저히 참을 수 없어!

아이들은 지시를 아주 잘 따랐다. 엘로이즈가 아이들에게 계단을 올라가기 전에 신발을 벗으라고 이야기했다. 관리인 아주머니가 아이들을 봤지만 너무 조용해서 놀라기만 할 뿐 아무 말도 하지 않았다. 수요일 오후 2시에 스무 명이 넘는 아이들을 집에 초대한다고 해서 죄가 되는 건 아니니까 말이다.

그저 맨발로 5층 계단을 올라가기만 하면 된다니 정치 모임을 여

는 게 이렇게 쉬울 줄 몰랐다. 엄마한테도 이야기해 줘야겠다.

우리 반 아이들은 한 명도 빠짐없이 모두 왔다. 나와 전혀 친하지 않은 알렉상드르와 바르나베, 맹한 크리스텔과 롤리타까지 왔다. 크리스텔과 롤리타는 둘이서 항상 똑같은 옷을 입고 다닌다. 아마 저녁마다 전화해서 다음 날 입을 옷을 정하는 모양인데 상상만 해도 우습다. 오늘은 둘 다 파란 점박이 무늬가 있는 노란 리본을 맸는데 정말 바보 같아 보였다. 반 아이들이 모두 내 방에 모여 있으니 평소에 싫어하던 아이들한테까지 이야기해야 하는 게 가장 힘들었다.

아이들은 제멋대로 행동했다. 소니아와 베르티는 내 전자 게임기에 와락 달려들었고, 루이와 르네는 텔레비전을 켰다. 그리고 알렉상드르와 바르나베는 내 방을 어지럽히기 시작했다.

엄마는 아무것도 신경 쓰지 않겠다고 미리 내게 이야기했다. 그래서 에밀리 누나 친구들을 대할 때처럼 귀마개를 낀 채 콜라를 가져다 주고 안방 문을 꼭 닫은 채 내다보지도 않았다.

좋은 생각이 떠올랐다. 교실이 소란스러울 때 페르디낭 선생님이 하듯, 나는 색소폰을 집어 들고 힘껏 불었다.

"우린 정치 모임을 하려고 여기 모인 거야. 그러니까 말을 듣지 않는 사람은 쫓아낼 거야!"

나는 알렉상드르와 바르나베가 떠나길 은근히 바랐지만, 두 아이는 무척 진지한 표정으로 내 말에 귀 기울였다. 방 안은 이내 조용해졌다. 정치는 심각한 것이라고 덧붙일 필요도 없었다. 아이들은 이미 그 사실을 잘 알고 있는 듯했고, 내 입에서 무슨 말이 나올지 잔뜩 기대하고 있었다. 나는 살짝 긴장이 되었다.

"마리 엘렌 선생님이 교실에서 한 말 기억하니? 대통령이 적응반을 없애기로 했다는 거 말이야. 대통령이 힘이 약한 학생들을 완전히 무시한다고 페르디낭 선생님이랑 다른 선생님들이 화가 잔뜩 났잖아."

베르티가 말했다.

"대통령이 텔레비전에서 정말 그렇게 이야기했다면 우리 아빠가 이야기해 주셨을 거야."

알렉상드르가 소리쳤다.

"베르티 말이 맞아!"

바르나베가 말을 받았다.

"네 모임이란 거 정말 바보 같아."

나는 한순간 말문이 막혔다. 물론 대통령이 정말 그렇게 말했을 리가 없다. 대통령은 바보가 아니니다. 바보라면 대통령이 될 수 없었을 테니까 말이다. 나는 정말로 바보 같아서 적응반에 가야

할 것 같은 롤리타와 크리스텔에게도 왜 우리 모임이 중요한지 설명을 해 주어야 했다. 그런데 멍청한 두 녀석이랑 베르티 때문에 모든 것이 엉망이 되어 가고 있었다.

베르티는 입에서 나오는 대로 생각 없이 말을 해서 마리 엘렌 선생님한테 항상 꾸지람을 듣는다.

"제발 말하기 전에 생각 좀 하렴. 베르티, 생각 없이 아무 말이나 하는 건 좋지 않아."

마리 엘렌 선생님 말에 완전히 동의하기는 이번이 처음이었다. 어찌 됐든 나는 알렉상드르와 바르나베를 벽장 속 진드기처럼 납작하게 눌러 줄 말이 떠오르지 않아 쩔쩔매고 있었다.

그 때 엘로이즈가 나를 구해 주었다.

엘로이즈가 먼 훗날 열일곱 살쯤 되었을 때 나 말고 다른 사람을 좋아하게 되더라도, 우리가 결혼하지 않더라도, 나는 오늘 엘로이즈가 나를 구해 준 것을 결코 잊지 않을 것이다. 엘로이즈는 나를 똑바로 바라보며 말했다. 지금 생각하니 내 얼굴이 부끄러움에 빨개진 것 같아서 걱정스럽다.

"막심 말이 맞아. 대통령은 처음엔 모든 사람들을 도와야 한다고 했어. 그러고 나서 다들 안심하고 있을 때 갑자기 공부 못 하는 아이들을 도와주는 반을 전부 없애기로 한 거야. 낙제를 하면 다시 시작할 수 있는 기회마저 빼앗아 버린 거고."

엘로이즈는 머리도 길고 발도 빠른데다 세상에서 가장 똑똑하기까지 하다. 에밀리 누나도 엘로이즈와는 상대가 안 된다.

"맞아. 정말 그래. 우리 나라 대통령과 장관들은 모든 사람을 사랑한다고 말하지. 약자들, 중국 사람들, 유고슬라비아 사람들……."

알렉상드르가 소리쳤다.

"에스파냐 사람들이랑 쿠르드 족도!"

바르나베가 덧붙였다.

"껌이랑 초콜릿도!"

방 안은 순식간에 난장판이 되었다.

르네가 나를 쳐다보았다. 유치원 때부터 친구인 르네는 언제나 나랑 죽이 잘 맞는다. 그 애 역시 나처럼 알렉상드르와 바르나베를 끔찍이 싫어한다.

르네는 무척 힘이 세다. 다른 아이들은 싸울 때 보통 발을 걸거나 주먹으로 치지만, 르네는 상대편의 손목을 비틀고, 그러다가 가끔 부러뜨리기도 한다. 작년에는 소쿤의 오른쪽 손목을 부러뜨렸다. 르네는 보험이 있기 때문에 그런 사고 따위는 신경 쓰지 않는다고 말했다. 르네가 알렉상드르와 바르나베의 손목을 부러뜨렸

으면 좋겠다. 나는 소란을 피우는 걸 좋아하진 않지만, 르네가 나서서 그 두 녀석들을 혼내 주려 한다면 기꺼이 도와줄 생각도 있다.

눈에 거슬리는 것들을 싹 쓸어 버리고 싶은 마음을 억누르게 해 준 건 나를 바라보는 엘로이즈의 눈빛이었다. 엘로이즈는 내가 폭행 공범자가 되기를 바라지는 않을 것 같았다.

나는 침대 위로 기어 올라가서 색소폰을 길게 불었다. 소리가 어찌나 근사하던지 페르디낭 선생님이 들었으면 분명 깜짝 놀랐을 것이다.

"적응반이 사라진대. 학생들이 희생될 거란 말이야. 우리 학교가 위험해. 이건 중요한 문제야. 도저히 참을 수 없어!"

순간 아이들이 조용해졌다. 엘로이즈가 내게 박수를 보내기 시작했다. 그러자 알렉상드르와 바르나베만 빼고 아이들이 한 목소리로 외쳤다.

"막심 만세! 만세!"

우리 모임의 이름은 '5학년 마리 엘렌 선생님 반 학생회'로 정했다. 아이들은 모두 내가 대장이 되어야 한다고 했다. 역시 알렉상드르와 바르나베만 빼고.

상관없다. 그 애들이 모임에 오고 싶으면 내 말을 들어야 할 테

니까 말이다. 말을 안 들으면 내쫓으면 된다.

얼음을 넣은 콜라를 함께 마시면서 우리는 다음 모임 날을 정했다.

시간을 정하는 건 정말 골치 아픈 일이었다. 수요일은 과외 활동이 있는 날이라 매번 시간을 낼 수는 없었다. 부모님들은 학생회 모임보다 과외 활동이 더 중요하다고 생각할 게 뻔하다. 모든 엄마들이 우리 엄마 같진 않을 테니까 말이다. 토요일과 일요일은 시간이 되는 아이들이 한 명도 없었다. 시골에 있는 할아버지 할머니 댁에 가야 하기 때문이었다. 시골은 학생회 모임의 가장 큰 걸림돌이다. 마음 같아선 지도에서 시골을 모조리 지워 버렸으면 좋겠다.

마침내 결정을 내렸다. 모임은 화요일 오후 4시 45분에서 5시 45분까지 열기로 했다.

베르티가 의견 하나를 냈다.

"다른 반 아이들한테도 적응반 살리기 운동을 같이 하자고 하면 어떨까?"

나는 별로 내키지 않았다. 가뜩이나 툭하면 난장판이 되는데, 사람이 너무 많아지면 통제하기가 더 힘들어질 수도 있기 때문이었다. 하지만 다른 한편으로는 사람 수를 늘리는 게 좋을 수도 있었다. 사람이 많아지면 알렉상드르와 바르나베 따위는 신경 쓰지 않아도 될 것이기 때문이었다. 그 애들이 있는지조차 모르게 될 것이었다.

나는 첫 번째 중대한 결정을 내렸다. 페르디낭 선생님이 매일 하는 것처럼, 베르티의 의견을 투표에 부치기로 한 것이다. 아이들 대다수가 찬성했다. 내 생각대로 알렉상드르와 바르나베는 반대표를 던졌다. 그 녀석들은 정말 위협을 느끼는 모양이었다. 투표를 마치고 우리는 모임 이름을 '우리 초등학교 5학년 학생회'로 바꾸었다.

잰 정말 대단한 아이야!

저녁에 나는 생선튀김을 한 입도 삼키지 못하고 그저 뚫어져라 쳐다보고만 있었다.

"왜 음식에 손도 대지 않는 거니, 막심? 색소폰 부느라고 그렇게 힘들었어?"

아빠는 내가 색소폰보다는 피아노나 기타를 배워야 한다고 생각한다. 색소폰을 불면 폐가 약해질 수 있다고 믿기 때문이다. 나는 아빠한테 색소폰을 분다고 암에 걸리는 건 아니라고 이미 이야기 했다.

“아니에요.”

“그럼 왜 그래?”

“우리 학생회 모임 때문에 그래요.”

무슨 생각으로 아빠한테 속내를 털어놓았는지 모르겠다. 하지만 어쩌면 아빠도 벌써 알고 있을지 몰랐다. 아빠는 보나마나 학생회 이야기를 별로 좋아하지 않을 것이었다. 그래도 아빠는 내가 거짓말하는 것도 똑같이 싫어할 터였다. 어떤 질문들은 대답하기가 참 곤란하다. 하릴없이 생선튀김을 네 조각으로 자르고 있으려니 아빠가 소리쳤다.

“뭐라고? 얘 지금 뭐라는 거야, 여보?”

아빠는 우리가 별로 마음에 안 드는 이야기를 하면 늘 엄마한테 설명하라고 한다. 아빠는 늘 혼자서 뭘 이해하려는 법이 없는데, 나는 그 점이 아빠한테 가장 큰 불만이다. 에밀리 누나가 토요일마다 거실에서 춤 연습을 하겠다고 할 때도 그랬다. 아빠는 마치 에밀리 누나가 랩을 좋아하는 게 엄마 탓이라도 되는 양 대뜸 “얘 지금 뭐라는 거야, 여보?”라고 말했다.

엄마는 아빠 쪽을 돌아보았다. 나는 부모님이 조용히 넘어갔으

면 좋겠다고 생각했다. 엄마는 감자를 튀기는 중이었는데 말싸움이라도 벌어지면 감자가 새까맣게 타서 먹지 못하게 될 것이기 때문이었다. 패스트푸드 점에 가면 전문가들이 튀긴 감자튀김을 얼마든지 사 먹을 수 있지만, 아빠는 그런 '야만인의 음식'은 단 한 조각도 사 먹기 싫어한다. 그게 아빠의 원칙이다.

"막심네 학교에서 적응반 두 개를 없애려고 한대. 막심은 자기 학교에서 벌어지고 있는 일에 신경을 쓰는 거고, 그게 다야. 난 우리 아들이 참 잘하고 있다고 생각해."

에밀리 누나가 말했다.

"어쨌든 엄마는 항상 막심 편만 들어요."

내가 태어난 지 벌써 12년이 흘렀지만, 에밀리 누나는 아직도 질투를 하고 있다. 질투는 절대 고칠 수 없는 불치병인 것 같다.

"신경을 어떻게 쓰는데?"

아빠는 마치 나랑 전혀 상관 없는 문제라는 듯 나한테 눈길조차 주지 않고 엄마에게 물었다.

에밀리 누나가 대답했다.

"학생회를 만들었어요."

누나는 정말로 샘을 내고 있었다. 나는 에밀리 누나한테 '얼간이'라고 말하고 싶어서 입이 근질거렸다. 누나한텐 그게 가장 큰 욕

이지만 나는 꾹 참았다. 그러면 한바탕 싸움이 벌어질 테고, 누나는 내가 싸움을 먼저 걸었다고 난리를 칠 것이기 때문이었다. 부모님 앞에서 누나가 계속 나를 걸고넘어지면, 나는 아빠한테 누나가 백화점에서 털실을 훔친 사실을 고자질할 참이었다. 그러면 아빠는 누나 말을 전혀 들어주지 않을 것이다.

"학생회는 또 뭐람? 정말이야, 여보? 당신은 그게 정상적이라고 생각해? 참 생각도 없지! 애가 정치적인 문제에 대해서 뭘 안다고."

항상 이런 식이다. 아빠는 내가 벌써 열두 살이고 유치원을 졸업한지 5년이나 됐다는 걸 만날 잊어버린다.

"아빠, 나도 잘 알아요! 모르는 건 아빠예요. 적응반이 없어지면 소쿤, 비르지니, 고르다나, 홍, 제라르, 수잔나가 동사변화랑 덧셈 뺄셈을 못 배울 거예요. 그러면 그 애들은 영영 글도 못 읽고, 물건을 살 수도 없고, 나중에는 지하철 벤치에서 잠을 자게 될지도 모른단 말이에요! 우리는 다 그렇게 생각해요. 페르디낭 선생님이 옳다고요!"

나는 가장 좋아하는 감자튀김에 손도 안 대고 벌떡 일어나서 방으로 갔다.

아빠가 데운 감자튀김 접시를 들고 내 방으로 왔다. 감자튀김

은 물컹물컹했다. 아빠는 감자튀김을 데우면 맛이 없어진다는 걸 몰랐던 모양이지만 아무래도 상관 없었다. 아빠가 나를 품에 꼭 안아 주었기 때문이다.

"아빠도 그렇게 생각해, 막심. 아빠는 그냥 네가 걱정이 돼서 그래. 그런 복잡한 문제는 어른들한테 맡겨 두었으면 좋겠구나. 네가 그런 문제로 피곤해하는 걸 보고 싶지 않거든. 지금도 너 아무것도 먹지 않았잖아."

"배 안 고파요."

나는 아빠한테 다른 이야기를 하고 싶었다. 하지만 아빠는 우리가 세상을 바꿀 수 있다는 걸 믿지 않으니 아무 소용 없을 것 같았다. 아빠는 내가 혼자 모임을 열었고, 5학년 학생회의 대장이 되었다는 것도 믿지 않을 것이다. 아빠는 내게 가볍게 입을 맞추고, 뺨을 살짝 꼬집어 주었다. 나는 아빠가 다정하게 어루만져 주는 게 좋다.

아빠는 방을 나가며 에밀리 누나에게 나를 방해하지 말라고 일렀다. 문이 닫히기 전 나는 에밀리 누나의 목소리를 들었다.

"그래도 잰 정말 대단한 아이예요!"

누나 목소리엔 진심이 가득 담겨 있었다. 나는 누나가 털실을 훔친 걸 아무에게도 이야기하지 않기로 마음먹었다.

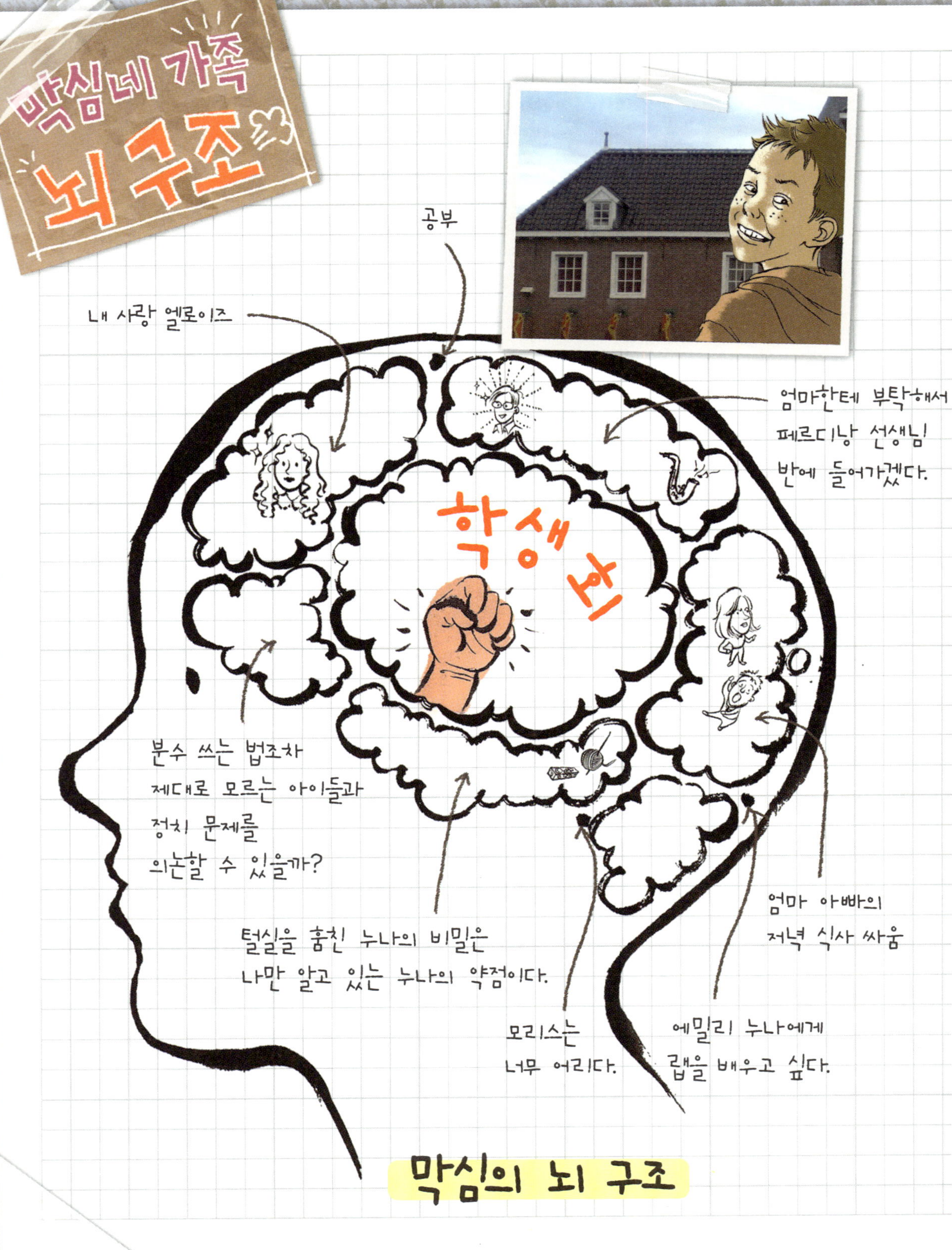
막심네 가족
뇌 구조
공부
내 사랑 엘로이즈
엄마한테 부탁해서
페르디낭 선생님
반에 들어가겠다.
학생회
분수 쓰는 법조차
제대로 모르는 아이들과
정치 문제를
의논할 수 있을까?
엄마 아빠의
저녁 식사 싸움
털실을 훔친 누나의 비밀은
나만 알고 있는 누나의 약점이다.
모리스는
너무 어리다.
에밀리 누나에게
랩을 배우고 싶다.
막심의 뇌 구조

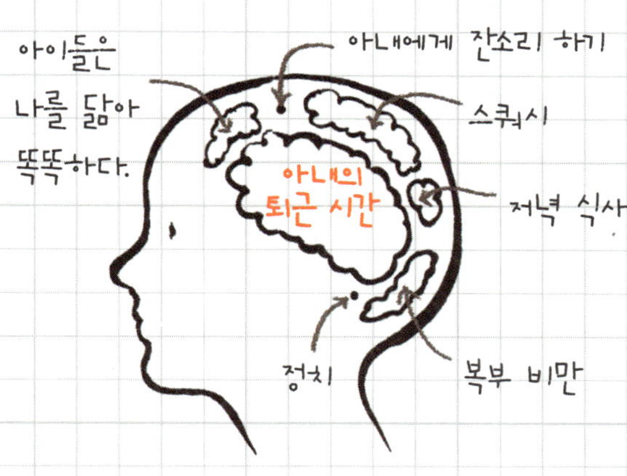

아빠의 뇌 구조

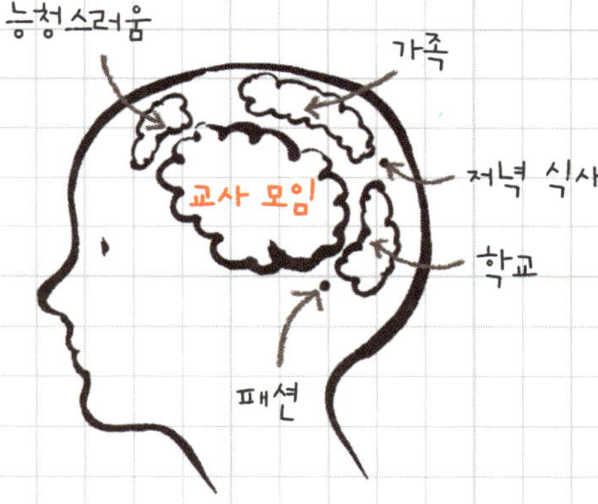

엄마의 뇌 구조

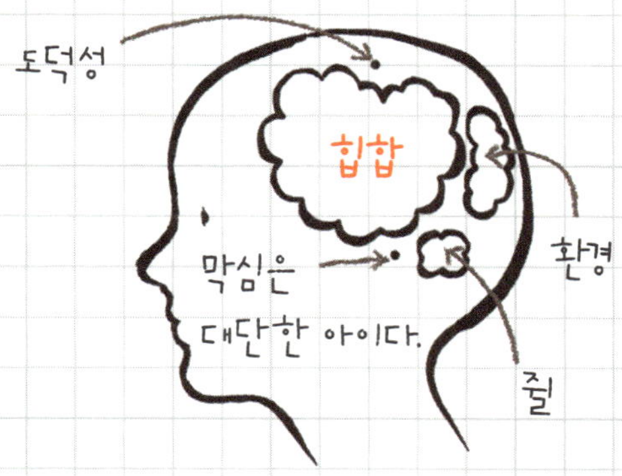

에밀리 누나의 뇌 구조

너희는 너무 어려!

"막심, 알렉상드르랑 바르나베는 배신자들이야. 그 애들은 분명히 반란을 준비하고 있어. 널 질투하고 끔찍이 싫어해."

수학 쪽지시험 중에 롤리타가 귓가에 속삭였다. 쉬는 시간까지 도저히 기다릴 수 없었나 보다. 롤리타는 늘 이렇게 나를 방해한다. 마리 엘렌 선생님은 왜 애를 내 짝으로 정해 주었을까? 페르디낭 선생님이라면 절대 그러지 않았을 텐데.

아무튼 나도 의심은 하고 있었다. 지난번 모임에서 알렉상드르와 바르나베가 이상하게 고분고분했기 때문이다. 그 애들은 나를 도와주겠다고까지 했다. 정말 수상한 냄새가 났지만, 나는 그 애들한테까지 신경 쓸 여유가 없었다.

2주 동안 학생회는 굉장히 커졌다. 이제 4학년 아이들도 우리 모임을 알게 되었고, 지난번 모임 때는 몇몇 아이가 오기까지 했다. 나는 그 애들이 오는 걸 막을 수 없었다. 엄마가 "모임은 모든 사람들에게 열려 있는 거야."라고 말했기 때문이다. 피곤한 원칙이지만 지킬 건 지켜야 한다.

덕분에 나만 할 일이 늘어났다. 나는 회원 카드를 만들었고, 대통령에게 보낼 편지 초안을 작성했다. 대통령은 매일 편지를 한가득 받고 전부 읽어 보는 모양이다. 그러니 우리 편지도 읽을 것이다.

우리는 커다란 봉투도 준비해서 겉봉에 '긴급-SOS-우리 친구들을 구해 주세요!'라고 썼다. 르네는 해골바가지를 그리고 싶어했다. 그 애는 우리 학교에서 해골을 가장 잘 그린다. 그러자 크리스텔, 롤리타, 루이를 비롯한 다른 아이들, 특히 4학년들이 손뼉을 치며 좋아했다.

하지만 나랑 엘로이즈는 이 생각에 반대했다. 나는 아이들에게

해골 그림이 무척 근사하긴 하지만 적응반 문제에 함부로 해골을 그릴 순 없다고 끈질기게 설득했다. 아이들은 마침내 고개를 끄덕였지만, 르네는 내가 이제 자기 친구가 아니라며 성을 냈다. 그래서 나는 르네에게 다음 번엔 해골 그림을 그릴 수 있게 해 주겠다고 약속했다. 모임을 이끄는 건 쉬운 일이 아니다.

나는 롤리타에게 쪽지를 보냈다.

달걀 열두 개가 있어. 그 중에 내가 세 개를 깨 버렸어.
열두 개 중에 내가 깬 달걀 수와 남은 달걀 수를
분수로 각각 어떻게 표현할까?

알렉상드르와 바르나베는 왜 배신자가 되려는 걸까? 그 녀석들 꿍꿍이가 대체 뭘까? 다음 모임에서 나는 그 녀석들을 제명하는 걸 놓고 투표를 해야겠다. 내가 대장이니까 그래도 된다. 모임에는 늘 대장이 있다고 엄마가 말했다. '대장'이 아니라 '회장'이라고 부르긴 하지만 말이다.

나는 롤리타의 쪽지를 보았다.

답 1 = $\frac{12}{3}$, 답 2 = $\frac{12}{9}$

나는 마리 엘렌 선생님이 다른 곳을 보고 있는 틈을 타서 롤리타의 팔꿈치를 툭 치고 내 쪽지를 보여 주었다.

답 1 = $\frac{3}{12}$, 답 2 = $\frac{9}{12}$

롤리타는 어깨를 으쓱하고, 자기 답이 옳다고 고집을 피웠다. 롤리타는 그 문제를 틀렸다. 이렇게 분수 쓰는 법조차 제대로 모르는 아이들이랑 어떻게 정치 문제를 의논할 수 있을까?

쉬는 시간에 4학년과 5학년 아이들이 모두 모여 다음 모임 날짜를 의논했다. 우리는 하루 뒤로 날짜를 정했다.

"편지에 대해서 생각해 봤어? 초안은 준비했니?"

4학년인 그웬돌린이라는 여자 아이가 대답했다.

"이번 기회에 학교 식당 음식이 정말 엉망이고, 특히 대구 브랑다드(대구에 감자, 크림, 마늘, 향신료 등을 넣고 오븐에 구운 프랑스 음식, 옮긴이 주)는 이제 먹고 싶지 않다는 걸 알려야 해."

아나이스가 말했다.

"그래, 재 말이 맞아. 그건 브랑다드가 아니라 그냥 생선 맛이 약간 나는 죽 같아. 우리 내일 브랑다드 거부를 투표에 부치자. 다들 싫어하잖아."

크리스텔이 끼어들었다.

“난 브랑다드 너무너무 좋아. 그런데 고기 완자는 딱 질색이야. 그건 음식이라고 할 수도 없어. 우리 집 고양이도 먹기 싫어하니 말 다했지!”

얘들 때문에 내가 미쳐 버릴 지경이다. 도대체 얘들한테 우리는 식당 메뉴 따위에 대해 토론하려고 모인 게 아니며, 이제 다 같이 모일 수 있는 쉬는 시간이 한 번밖에 남지 않았다는 걸 어떻게 설명할까? 다행히 루이는 지금의 상황을 아주 잘 이해하고 있었다. 그 애는 적응반이 사라지면 두 자릿수 곱셈을 배울 기회가 없다는 걸 분명히 알았다.

“학교 식당 따위 될 대로 되라지. 식당 메뉴나 이야기하려고 학생회를 만든 줄 아니?”

그웬돌린과 아나이스는 늘 같은 것만 이야기하는 데 진절머리가 난다며 자기들은 ‘이의’가 많다고 대답했다. ‘이의’는 그 애들한테 배운 말이다. 하지만 그런 단어는 차라리 알지도 말았어야 했다. 다음번에 내가 학생회를 만들면 그 때는 ‘이의’나 ‘항의’ 같이 ‘의’로 끝나는 단어는 절대로 쓰지 못하게 할 것이다. 그런 단어는 끝도 없는 말싸움을 불러일으키기 때문이다. 한번 말싸움이 벌어지면, 도저히 빠져 나갈 방도가 없다.

루이가 큰 소리로 말했다.

"조용히 해! 좋은 소식이 있어. 부모님들이 선생님들과 함께 탄원서에 서명을 할 거래. 탄원서란 서명을 가득 쓴 편지라고 하네. 의견에 동의한다는 뜻으로 말이야. 수천 명이 서명을 할 것 같대."

엘로이즈가 대답했다.

"그럼 우리도 그 편지를 복사해서 학생들한테 서명하라고 한 다음 어른들 편지에 붙이면 되겠네."

나는 엘로이즈 의견에 찬성했지만, 그렇게 되면 우리 학생회를 더 이상 비밀로 할 수 없게 될 것이라는 점이 마음에 걸렸다. 좀 더 생각을 해 보고 내일 회의에서 이야기하는 게 좋을 것 같았다. 어른들을 믿을 수 있을까? 페르디낭 선생님이야 당연히 믿을 수 있다. 하지만 다른 어른들은? 말은 안 하지만 우리 아빠도 학생회를 그다지 좋아하지 않는 것 같았다. 아빠는 이제 내게 왜 화요일마다 피곤해하는지 묻지도 않고 마치 다른 날과 다름없는 것처럼 행동한다. 나는 아빠가 잘못 생각하고 있다는 것을 반드시 보여 줄 참이다.

모르는 아이 한 명이 우리 모임에 들어왔다. 이름이 모리스라고 했다. 2주 전 선생님들이 교정에서 이야기를 나누고 있을 때 화단에서 제라늄을 뽑던 그 아이였다. 곱슬곱슬한 금발 머리와

까만 눈동자의 인상이 좋은 꼬마였다.

"난 2학년이고, 소피 선생님의 적응반에서 공부해. 그런데 어른들이 우리를 몽땅 초방하려고 한다면서?"

"추방하려고 하는 거겠지."

엘로이즈가 고쳐 주었다.

모리스가 말했다.

"우리 껍데기를 홀랑 벗겨 내고 싶은가 봐."

나는 키득키득 웃는 아이들에게 손을 들어 조용히 하라고 시켰다.

"우리는 너희들을 보호해 주려고 하는 거야, 모리스."

"나도 알아."

"어떻게 알았어? 누가 이야기해 줬니?"

"전교생이 다 알아."

나는 이 문제를 나중에 꼭 짚고 넘어가야겠다고 생각했다. 아이들 모두 부모님들께는 화요일마다 우리 집에서 간식 모임이 있어서 모인다고 말씀드리기로 입을 맞추었다. 부모님들은 간식 모임을 무척 좋아해서 언제나 승낙을 해 주신다. 엄마에게 감사 인사 쪽지를 보낸 부모님까지 있었다. 엄마는 약간 당황했지만 아무 말도 하지 않았다. 아빠는 엄마에게 나중에 곤란한 일을 겪을 거라

고 했고, 엄마는 "내가 알아서 할 거야. 아이들이 나쁜 짓을 하는 것도 아닌데……." 라고 대답했다. 엄마는 우리에게 카페인이 없는 콜라와 과자를 잔뜩 사 주었다. 일요일에 에밀리 누나는 엄마가 나한테 특별 대우를 한다고 심통을 부렸다. 하지만 그건 정말 괜한 트집이다. 엄마는 학생회를 이끄는 게 춤 연습보다 훨씬 어렵기 때문에 신경을 써 주는 것뿐이다.

"우리도 형들과 누나들이랑 싸우고 싶어. 우리 힘으로 적응반을 지키고 싶어."

"너희는 너무 어려, 모리스."

"우린 장관 아저씨들의 발을 차 줄 수 있어. 유도 업어치기를 할 수도 있고. 1학년 적응반에 유도를 아주 잘 하는 카림이라는 애가 있거든. 벌써 노란 띠야!"

모두 배를 잡고 웃었다. 하지만 모리스가 울음을 터뜨릴 것 같은 표정을 짓는 걸 본 나는 웃지 않았다. 나는 어린아이를 놀리는 걸 좋아하지 않는다.

그 때 똑같은 초록색 반바지에 노란색 블라우스를 입고, 점박이 무늬 양말을 신은 크리스텔과 롤리타가 내게 알렉상드르와 바르나베가 교장 선생님과 이야기하고 있다고 알려 왔다.

롤리타 말이 맞았다. 그 애는 생각만큼 바보가 아니었다. 교장 선생님과 이야기를 나누고 있던 배신자 두 녀석은 감히 나를 쳐다보지도 못했다.

나는 르네를 붙잡았다. 르네 눈빛을 보니 금방이라도 그 두 녀석을 병원으로 보내 버리고 싶어하는 것 같았기 때문이다. 엘로이즈와 페르디낭 선생님은 고개를 가로젓겠지만, 나는 두 녀석의 손목을 비틀어 버리는 게 점점 더 좋은 해결책처럼 여겨졌다.

너 도대체 생각이 있는 거야?

교장 선생님이 우리 쪽으로 다가오더니 곧바로 내게로 왔다. 나는 머릿속으로 되뇌었다.

'나는 대장이다. 나는 학생회 대장이다.'

교정에 모여 있던 아이들이 모두 꼼짝도 하지 않았다. 나는 4학년 아이들이 5학년 아이들과 함께 내 뒤로 줄을 서는 것을 보았다. 알렉상드르와 바르나베는 운동장 귀퉁이에 숨어 있었다. 눈에 띄기라도 했다면 국물도 없었을 테니 현명한 행동이었다.

교장 선생님은 천천히 다가왔다. 페르디낭 선생님과 다른 선생님들이 이 장면을 보고 있었다. 선생님들은 내가 당하는 걸 속수무책으로 지켜보기만 했다. 나는 혼자 장작불 위에서 활활 타는 희생 제물이 된 기분이었다. 교장 선생님이 나를 끝장내기 전에 페르디낭 선생님이 색

소폰을 불든 교장 선생님을 록 콘서트에 데려가든, 뭐든 해 줬으면 좋겠다고 생각했다.

교정은 쥐 죽은 듯 조용했다. 교실에서 조용한 건 아무렇지 않지만, 쉬는 시간의 교정이 고요하니 무서웠다. 공포영화가 따로 없었다.

"막심, 할 말이 있으니 따라오렴."

고자질쟁이 알렉상드르와 바르나베 녀석 때문에 나는 학교에

서 퇴학당할지도 모른다. 교장 선생님은 정치를 싫어해서 다른 선생님들과 자주 부딪친다. 선생님들은 어른이니까 교장 선생님한테 대꾸라도 할 수 있지만, 나는 너무 어려서 그럴 수도 없다. 비록 내가 학생회의 대장으로 뽑혔더라도, 내가 모리스같이 힘없는 학생들을 구하고 싶더라도 말이다.

나는 교장 선생님을 따라갈 수밖에 없었다. 교정에는 교장 선생님의 구두 굽 소리밖에 들리지 않았다.

갑자기 등 뒤에서 모리스가 조그맣게 외치는 소리가 들렸다.

"막심 만세! 막심 만세!"

모리스의 외침에 곧 엘로이즈, 르네, 루이, 베르티, 소니아가 합세했고, 조용하던 교정에 커다란 함성 소리가 울려 퍼졌다.

"막심 만세! 막심 만세!"

나는 뒤돌아보았다. 아이들이 모두 함께 발을 구르고, 손뼉을 치며, 아무도 말릴 수 없을 만큼 커다란 소리를 내고 있었다. 교장 선생님을 따라가면서 나는 아이들에게 외쳤다.

"적응반 친구들을 구해 주자!"

아이들은 한 목소리로 박자를 맞춰 내 말을 따라 했다. 교장 선생님은 내 손목을 붙잡았다. 힘이 르네만큼이나 세서 손목이 아파야 마땅했지만, 아무 느낌도 들지 않았다.

교장 선생님은 매섭게 다그쳤지만 나는 전혀 겁나지 않았고, 눈물도 나지 않았다. 친구들의 목소리가 교장실까지 들려와서 선생님은 창문을 닫아야 했다. 하지만 창문을 닫아도 소리가 계속 들려왔다. 심장이 거세게 두방망이질을 쳤다. 아빠는 나 때문에 걱정할 필요가 없었다. 나한테는 이제 아무 일도 일어나지 않을 것 같았다.

합성 소리 가운데 유난히 귀에 와 박히는 목소리가 있었다. 페르디낭 선생님의 목소리였다. 목소리는 확실히 구별할 수 있었지만, 무슨 말을 하는지는 알아들을 수 없었다. 목소리가 멈추자 사방이 고요해졌고, 박수 소리가 들리더니 또다시 아무 소리도 들리지 않았다. 학생들이 교실로 올라간 모양이었다.

교장 선생님은 창 밖을 내다보며 길게 한숨을 내쉬었다. 평소보다 얼굴이 부쩍 늙어 보였다. 베르티는 교장 선생님이 적어도 일흔 살은 먹었을 거라고 말하지만, 나는 그렇게 생각하지 않는다. 일흔 살 먹은 할머니가 굽 높은 구두를 신고 다니지는 않기 때문이다.

페르디낭 선생님이 무슨 말을 한 거지? 왜 합성 소리가 멈춘 걸

까? 왜 아이들이 박수를 친 걸까?

"넌 정치에 관심을 가지기엔 너무 어려, 막심. 선생님은 그냥 보고 넘어갈 수 없구나. 네 행동이 어떤 결과를 가져올지 알고는 있는 거니? 너 도대체 생각이 있는 거야?"

교장 선생님은 엄마가 교사 모임에 참석하느라고 늦게 온 날 아빠가 했던 것과 똑같은 이야기를 했다.

"좀 전에 너 때문에 벌어진 혼란스러운 상황을 봤지? 그건 용납될 수 없는 거야. 나는 네 어머니께 전화드렸고, 4시 반에 학교에서 뵙기로 했어. 너는 네가 하고 있는 일을 당장 그만둬야 해. 내 말 알아듣겠니? 너 중학교에 무사히 진학해야 하잖아. 선생님은 네 생활기록부에 '친구들을 선동한 학생'이라고 쓸 수도 있단다. 그러면 결과가 무척 안 좋을 거야. 선생님은 네 어머니께 이런 말씀을 드릴 거야. 알겠니?"

"네, 교장 선생님."

윗사람이 시비를 걸어 올 때는 상대하지 않고 머릿속으로 그저 어깨 한 번 으쓱해 준다. 주의할 것은 그런 무례한 행동은 머릿속으로만 해야지 실제로 하면 안 된다는 것이다.

"교실로 돌아가거라. 오늘은 친구들이랑 학교 식당에서 식사할 수 없어. 기말까지 쉬는 시간도 주지 않겠다. 앞으로 한 달 동안 쉬는 시간 대신 반성하는 시간을 가지렴."

나는 교장 선생님한테 묻고 싶었다.

'선생님한테 만약 학교 공부를 따라가지 못하는 아들이 있다면 어떻게 하실 건가요? 손놓고 그 애를 도와주지 않는 게 당연하다고 생각하실 건가요?'

하지만 나는 말할 수 없었다. 교장 선생님이 이해할 리가 없었다. 교장 선생님 아들이 바보 같을 리도 없고, 분명 나이가 너무 많이 들었을 것이기 때문이었다. 소쿤과 고르다나, 특히 모리스 생각이 많이 났다. 나는 그 아이들을 모른 척할 수 없었다.

"선생님과 부모님 들은 하고 싶은 대로 할 수 있어. 하지만 열 살, 열두 살 짜리 학생들은 절대 안 돼!"

"그건 우리 문제이기도 한데요."

"네 어머니와 의논할 거야, 막심. 어머니가 선생님이시라니 잘 아시겠지. 넌 모임을 그만둬야 해. 네 나이 때는 뛰어놀 생각만 해야 한단다. 한 달 후면 방학이니 다 잊어버릴 거야."

내가 교실로 돌아가자, 마리 엘렌 선생님이 활짝 웃어 주었다. 나는 마리 엘렌 선생님이 좋아졌다. 마리 엘렌 선생님은 아무 일도 없었다는 듯 내게 말을 걸어 주었다. 그러고는 칠판으로 불러서 달걀에 관한 문제를 풀게 하고, 내 예상대로 답을 다 틀린 롤리타를 야

단쳤다.

알렉상드르와 바르나베는 차마 나를 똑바로 보지 못했다. 이미 완전히 풀이 죽어 있는 걸 보니 따로 손을 볼 필요도 없어 보였다. 교장 선생님한테 고자질을 하면서 그 아이들은 영화 〈미션 임파서블〉에 나오는 자동 폭파 임무 테이프 신세가 된 것 같았다.

친구들이 모두 내게 손짓하고 웃어 주었다. 르네는 내게 번쩍번쩍 빛나는 해골바가지 두 개를 그린 그림 쪽지를 보내 왔다. 그림 위엔 '배신자 알렉상드르와 바르나베를 끝장내자.'라고 쓰여 있었다.

르네가 혹시 감옥에 가게 되면 나는 감옥에 반입이 허락되는 유일한 과일이라는 오렌지랑 컴퓨터 게임 팩을 매일매일 보내 줄 것이다.

교장 선생님은 점심 시간 동안 나를 옆에 꼭 붙잡아 놓았다. 점심 메뉴는 대구 브랑다드였는데 선생님은 입도 대지 않았다.

오후 쉬는 시간이 되었지만 나는 벌을 받고 있었기 때문에 교실에 혼자 남았다. 마리 엘렌 선생님은 다른 선생님들과 모임이 있어서 밖으로 나갔다.

내 친구들은 모두 밖으로 나갔다. 루이가 나가기 전에 잠깐 내게 속삭였다.

"걱정 마. 잘 될 거야. 너 진짜 끝내 줬어! 우리가 이길 거야."

내가 교실에 혼자 남아 있는데 친구들은 어쩌면 그렇게 하나같이 신 나는 얼굴일까? 창 밖으로 친구들을 바라보고 있노라니 페르디낭 선생님과 아이들이 나를 보고 손짓을 했다. 그래도 나는 모두에게 버림받는 건 아닐까 하는 생각이 들었다.

지난 주에 아빠가 한 말이 떠올랐다.

"넌 정치에 관심을 갖기엔 너무 어려. 정치는 늘 실망만 주거든. 아빤 네가 벌써부터 실망하게 될까 걱정이 되는구나. 아직 실망하기엔 이른 나이이니까."

나는 아빠가 무슨 이야기를 하는 건지 알 수가 없었다. 혹시 아빠가 어렸을 때 정치에 관심을 가졌다가 힘든 일을 겪기라도 한 걸까? 그래서 이제 스쿼시에만 관심을 갖는 걸까?

아이들은 모두 교정에 있었다. 엘로이즈가 아이들을 모았고, 모리스도 함께 있었다. 모리스는 어린데도 무척 진지했다. 나중에 좀 더 크면 학생회의 대장이 될 수도 있을 것 같았다. 이리저리 휘둘리지 않고 척척 잘 알아서 할 것이다. 나는 다음 날에 있을 모임 생각에 집중하기로 했다. 교장 선생님이 싫어하더라도 모임은 열 것이다. 교장 선생님은 우리 아파트 주인이 아니니 우리를 막을

수 없다.

누가 교실 문을 두드렸다. 엘로이즈였다.

“나 여기 오면 안 되는데 온 거니까 아무한테도 들키면 안 돼. 너한테 꼭 알려 주고 싶은 게 있어서 왔어. 우린 네가 쉬는 시간에 계속 벌을 받으면 아무도 쉬는 시간에 바깥에서 놀지 않기로 결정했어. 알렉상드르와 바르나베는 반대했으니까 운동장엔 그 애들만 있게 되겠지!”

“너희들이 그런 결정을 했어?”

“응. 의견을 낸 아이는 베르티야. 베르티는 너한테 반했다더라. 롤리타도 널 좋아한다고 했고, 그웬돌린이랑 또…….”

나는 엘로이즈에게 “넌 어떤데?”라고 묻고 싶었지만 꾹 참았다. 엘로이즈도 나처럼 그런 말을 들으면 몸 둘 바를 모를 것이기 때문이었다.

“베르티가 반한 사람이 한두 명이라야지. 그건 그렇고, 아까 페르디낭 선생님은 왜 너희가 계속 소리를 지르지 못하게 했니? 박수는 왜 쳤어?”

“그렇지 않아도 그걸 알려 주려고 내가 올라온 거야. 페르디낭 선생님 말씀으로는 선생님들이 부모님들과 함께 목요일에 중요한 분들을 만나러 간대. 아마 장관들일 거야. 우리한테 시간이 이

틀 남았어!"

"우리가 뭘 할 건데?"

"페르디낭 선생님이 부모님들이 허락하시면 우리도 같이 갈 수 있다고 하셨거든."

"정말 그러셨어?"

"응, 맹세까지 하셨어."

"우리도 갈 수 있을 거라고?"

"그렇다니까! 다 네 덕분이야, 막심!"

"그럼 내일 플래카드를 준비해야겠다. 아이들한테 전해 줘, 뭐라고 하냐 하면……."

"이제 가 봐야겠다. 이따 봐, 막심."

엘로이즈는 내 뺨에 입을 맞춰 주고 나갔다. 나는 텅 빈 교실에서 기뻐서 펄쩍펄쩍 뛰었다. 그러고는 연습장을 꺼내 이렇게 썼다.

유언을 남긴다. 내가 학교에서 퇴학을 당하면
엘로이즈 베르텔로를 학생회의 ~~대장~~회장으로 삼을 것.

나는 '대장'에 줄을 치고 '회장'이라고 고쳐 썼다. 아무래도 대장보다는 회장이 더 근사해 보였다.

아빠가 틀렸다. 우리는 세상을 바꿀 수 있다.

• 이름: 막심.　　• 나이: 12세

• 신체조건: 키 147cm. 몸무게 42kg 갈색머리. 갈색눈

• 특징: 준수한 외모, 팔 다리가 긴 편. 자칭-얼짱

• 취미: '정치'하기.

한 카리스마 하는 정치가가 될 것이 뻔함.

• 연락처: 010-0007-0X97

바~보!

막심 ♡ 엘로이즈

막심 만세!!!

우리 앵두 닮았네~

강아지를 찾습니다

• 이름: 봉지
• 나이: 15개월
• 특징: 주인을 잘 알아보지 못함
참치만 주면 바로 쫓아감
핑크색 귀를 가짐

주인장 010-0010-007@	주인장 010-0010-007@	주인장 010-0010-007@	주인장 010-0010-007@	주인장 010-0010-007@	주인장 010-0010-007@

착한 어린이집 천사아파트 D동 13호 1544-1@@4

맛이 살아 있다!
막시무스 피자~

다른 피자 다 죽네~

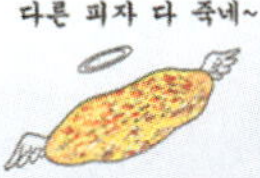

1544-@4@4

어린이 댄스 아카데미

한 춤 하는 어린이 모집합니다
내일의 이효리! 빅뱅을 꿈꾸며!

원장: 마추리나
전국 막춤대회 3회 연속 입상
대한민국 막춤 연합 총무 역임

544-@411

나는 허락할 수 없어요

하굣길에 친구들이 나한테 몰려왔다. 아이들은 모두 내일 모임에 온다고 했다. 루이와 르네가 나를 얼싸안았다. 그 틈을 타서 베르티와 롤리타도 내게 덤벼들려고 해서 나는 얼른 피했다.

나는 페르디낭 선생님과 이야기를 하고 싶었지만 선생님은 무척 바빠 보였다. 선생님은 부모님들과 이야기를 나누고 탄원서에 서명을 부탁하고 있었다. 페르디낭 선생님이 내게 손짓을 했다. 선생님이 다음 학기에 담임이 된다면 나는 모임을 백 번이라도 하고, 플래카드를 5000개라도 쓸 수 있으며, 1년 내내 쉬는 시간을 갖지 않아도 좋을 것 같았다.

나는 평소와 다름없이 늦는 엄마를 기다렸다. 엄마가 무슨 생각을 하는지 궁금했다. 엄마는 교장 선생님이 내 생활기록부에 무슨 말을 쓰려고 하는지 알게 되면 무척 당황할 것이다.

아빠한테는 아마 마른하늘에 날벼락 같은 소식일 것이다. 아빠가 나 때문에 슬퍼하거나 실망하지 않았으면 좋겠지만, 지금은 그런 걱정을 할 겨를이 없다. 머릿속에 너무 많은 생각이 스쳐 갔기 때문이다. 특히 아까 엘로이즈가 뺨에 뽀뽀를 해 주고 아무 말 없이 악수를 하고 나간 일이 가장 많이 생각났다.

나는 엄마가 교장 선생님을 설득하지 못할까 봐 걱정이 되었다. 우리 엄마 말고 다른 엄마가 있었으면 하고 생각한 적은 없었다. 하지만 교문 밖에서 만날 땐 엄마가 다른 엄마들처럼 차려입었으면 좋겠다. 특히 오늘 같은 날은 더욱 그랬다.

소니아 엄마를 보고 소니아의 언니나 이모나 보모라고 생각하는 사람은 아무도 없다. 멋진 정장을 입고, 목걸이를 하고, 립스틱을 바르고, 안아 줄 때 향수 냄새가 나기 때문이다. 교문 밖에서 기다리는 엄마들은 보통 그런 차림새다.

엄마는 내가 걱정했던 그대로 입고 왔다. 머리는 아무렇게나 빗어 넘겼고, 다 해진 청바지에 아빠가 입었던 낡은 가죽 점퍼를 입었다. 너무 낡아서 박물관에 기증이라도 해야 할 것 같은 옷이었다. 게다가 엄마는 한 술 더 떠 에밀리 누나의 끈 없는 보라색 농구화를 신고 왔다.

엄마는 생각이 전혀 없어 보였다.

"우리 아가, 막심!"

다들 우리만 쳐다보았다. 엄마는 내가 학생회의 대장인 줄 알면서 어떻게 그렇게 우스꽝스럽게 나를 부를 수 있는지 모르겠다. 나는 쥐구멍에라도 숨고 싶었지만 너무 늦었다.

페르디낭 선생님이 엄마에게 다가갔다. 선생님은 엄마 옷차림에는 신경 쓰지 않는 것 같았다. 하지만 엄마는 오늘 페르디낭 선생님이 아니라 교장 선생님과 이야기를 나눠야 하기 때문에 정장을 입고 왔어야 했다.

"교장 선생님 심기가 아주 불편하세요."

"그럴 줄 알았어요. 막심이 학생회를 만들어서 그렇겠죠?"

"맞습니다. 하지만 잘 해결될 거예요. 제가 어머님과 같이 올라가겠습니다. 전 교장 선생님을 잘 알거든요. 교장 선생님도 마음속으로는 우리를 지지하고 계세요. 막심, 넌 정말 잘했지만 지금은

협상을 할 시간이야. 이제 선생님한테 맡겨 두렴. 작전을 잘 짜 보자꾸나."

나는 세상에서 가장 행복한 사람이다.

교장 선생님과의 면담은 그럭저럭 잘 끝났다.

교장 선생님은 페르디낭 선생님 이야기에 큰 감명을 받았다. 페르디낭 선생님이 하도 말을 잘 해서 나는 선생님이 사실은 비밀 정보 요원일지도 모른다고 생각했다. 교장 선생님은 마치 끔찍한 범죄자를 보듯 나를 바라보았지만, 페르디낭 선생님은 내가 그저 실수를 했을 뿐이라고 감싸 주었다.

교장실에 들어가기 전에 엄마는 아무 말도 하지 않기로 작전을 세웠다. 낡아빠진 가죽 점퍼에 청바지, 농구화 차림새의 엄마는 아무래도 나와 공범처럼 보였기 때문이다. 교장 선생님을 설득하는 건 페르디낭 선생님이 맡았다. 선생님은 정말 말을 잘 했다. 엄마는 평소 같지 않게 눈을 얌전히 내리깔고 말없이 있었다.

교장 선생님이 말했다.

"페르디낭 선생님, 어찌 됐든 책임자는 나예요."

이렇게도 말했다.

"나는 허락할 수 없어요. 아이들이 합심해서 쉬는 시간을 갖지 않겠다고 위협하다니요!"

교장 선생님은 결국 자리에 앉더니 중얼거렸다.

"선생님이 그렇게 말씀하시니, 또 그렇게 약속하시니 지켜보도록 하지요."

계속 침묵을 지키던 엄마는 참지 못하고 덧붙였다.

"감사합니다, 샤르베 교장 선생님. 제가 확실히 말씀드릴 수 있

어요. 막심의 행동은 전적으로 적응반을 지키기 위한……."

하지만 교장 선생님은 엄마의 입을 막으려는 듯 서둘러 악수를 했다.

불쌍한 엄마. 엄마가 소니아 엄마처럼 옷을 멋지게 차려입었다면 그런 대접을 받진 않았을 것이다. 끈 없는 운동화를 신고 교장 선생님을 설득하기란 무척 어렵다.

이제 다음 날 모임을 준비하는 일이 남았다. 높은 사람들과 만나기 전 마지막 모임이었다. 우리가 만날 사람들이 장관일지 장학관일지, 혹은 교육감일지는 모르지만 어쨌든 책임자라고 했다. 페르디낭 선생님은 그 사람들이 '고위 책임자'라고까지 했다.

쉬는 시간에 아이들은 난리법석을 떨며 모임을 손꼽아 기다렸다. 교장 선생님은 내 벌을 면제해 주었다. 교장 선생님은 우리를 무서워하거나 지지하는 것 같기도 했지만 내색은 하지 않았다. 나는 초등학교 교장 선생님은 절대로 되지 않을 것이다. 자기 생각을 입 밖에 낼 수 없는, 정말 끔찍한 직업이기 때문이다. 게다가 교장 선생님이 되면 학기 말까지 기다렸다가, 술에 취해서야 록 음악에 맞춰 춤이라도 출 수 있다.

교장 선생님은 교정에서 우리를 감시했다. 마치 우리가 학교를 폭파하기라도 할 것처럼 우리를 유심히 지켜보았다.

알렉상드르와 바르나베도 교장 선생님 곁에 찰싹 붙어 있었다. 그 모습을 본 르네가 불같이 화를 냈다.

"아무 말도 하지 않으면 저 녀석들 자기네가 제일 잘난 줄 알 거야! 저대로 놔둘 순 없어, 막심! 넌 대장이잖아. 저 녀석들이 널 완전 겁쟁이라고 생각할 거라고."

"쟤들한텐 아무도 말을 걸지 않는 게 더 나아. 쟤들 표정을 좀 봐.

기분이 좋은 것 같니?"

"표정 같은 건 상관없어. 저 녀석들 혼쭐을 내 줘야 해."

"그럼 좋아, 르네. 너한테 임무를 하나 줄게. 알렉상드르와 바르나베를 잘 감시해. 그리고 걔들한테 말을 걸지 말라고 아이들한테 말하고 학생회의 좌우명이라고 하란 말이야."

다행히 르네는 내 말이 무척 마음에 든 모양이었다. '좌우명'이라는 말은 엄마한테 배운 말이다. 엄마가 전날 페르디낭 선생님에게 "학생회의 좌우명은 뭐죠?"라고 묻는 걸 슬쩍 엿들은 것이다. 정치를 하려면 알아야 할 말이 무척 많다.

학교를 나설 때 4학년과 5학년 아이들 서른두 명이 내 뒤를 따라왔다. 페르디낭 선생님이 우리에게 "행운을 빈다!"라고 외쳐 주었다.

그런데 이상한 일이 벌어졌다.

1학년과 3학년 아이들이 부모님과 함께 이야기를 나누었고, 어떤 아이들은 학교 바로 앞에 있는 공중전화 쪽으로 가는 것이었다. 엄마한테 전화하는 중일까? 저학년 아이들은 모임에 올 수 없었다. 부모님들과 함께 올 수도 없었다. 학생회에 부모님들은 참석할 수 없기 때문이었다.

우리는 마침내 집에 도착했다. 관리인 아주머니는 조무래기 서른두 명이 건물로 몰려오는 걸 보고 무척 걱정스러운 표정을 지었다. 아주머니는 야단을 칠 수 있도록 우리가 소란을 떨기를 바라는 것도 같았다. 하지만 우리는 모임을 하는 화요일에는 언제나 그랬듯이 신발을 벗어 들고 조용히 계단을 올라갔다. 계단을 오를 땐 살금살금 걷는 게 우리 모임의 좌우명이다.

5층에서 아빠가 우리를 기다리고 있었다.

"아빠, 여기서 뭐 하세요? 회사는요?"

"오늘은 좀 일찍 끝났단다."

"우린 모임이 있어요."

"나도 안다, 막심. 목요일에 학생 대표로 높은 사람들을 만난다면서? 네 엄마한테 들었단다."

나는 아빠에게 아직도 정치가 아무 소용없다고 생각하느냐고 묻고 싶었지만, 전화벨이 울렸고 아빠는 전화를 받으러 갔다.

열등생 만세!

우리는 내 방으로 들어갔다. 사람이 너무 많이 북적이는 곳에 있다가 숨이 막힌 적이 있다는 그웬돌린 때문에 창문은 활짝 열어 놓았다.

전날 저녁 나는 곰곰이 생각해 보았다. 모임을 성공적으로 끝내는 가장 좋은 방법은 머릿속으로 처음부터 끝까지 미리 생각해 놓는 것이었다. 나는 모임에서 할 일을 공책에 꼼꼼히 적어서 루이와 르네, 엘로이즈에게만 보여 주었다.

그런 생각은 마리 엘렌 선생님을 보면서 떠올렸다. 우리 반 학생들은 모두 스물여덟 명인데, 선생님은 우리에게 시킬 일을 즉시 정확히 생각해 낸다. 우리 의견은 결코 물어 보는 법이 없고, 늘 혼자서 결정하고 실행에 옮긴다. 마리 엘렌 선생님은 우리가 공부할 책도 마음대로 고른다. 다들 싫어해도 상관없다. 선생님은 교실이 소란스러운 건 딱 질색이며 색소폰을 불 줄도 모른다.

처음에는 그런 점이 불만이었지만 1주일에 한 번씩 학생회 모임을 열면서 나는 마리 엘렌 선생님이 옳다는 생각을 했다.

우리는 두 그룹으로 나누어 한 그룹은 대통령에게 편지를 쓰기로 하고 나머지 한 그룹은 대표단에 필요한 플래카드를 만들기로 했다. 아이들은 모두 내 결정에 동의했다. 나는 이제 알렉상드르와 바르나베의 반응을 살필 필요가 없었다. 그 아이들은 만장일치로 학생회에서 제명되었기 때문이다.

내 생각대로 아이들은 모두 플래카드를 만들고 싶어했다. 나 역시 플래카드를 만들고 싶었지만 회장이니 눈물을 머금고 양보할 작정이었다.

그 때 엘로이즈가 말했다.

"나는 막심 쪽으로 갈게. 둘이서 충분히 할 수 있을 거야."

좋은 생각이었다. 엘로이즈랑 둘이서 한다면 빨리 끝낼 수 있을 것 같았다. 그런데 베르티와 소니아도 우리 그룹으로 오고 싶어 했다. 정말 마음대로 되는 일이 하나도 없다.

갑자기 누가 방문을 두드렸다.

방문을 열고 나타난 사람은 아빠였는데, 아빠 뒤에 한 무리의 꼬마들이 서 있었다. 환하게 웃으며 "막심 만세!"라고 외쳤던 모리스가 친구들을 모조리 이끌고 온 것이었다.

"여긴 4학년과 5학년 학생회 모임이야."

나는 어떻게든 이 궁지에서 벗어나고 싶었다. 모임을 망칠 수는 없었다. 아빠는 정말 너무했다. 오늘이 가장 중요한 모임이고 어쩌면 마지막이 될 수 있다는 걸 잘 알면서!

내 마음을 눈치챘는지 아빠가 변명하듯 말했다.

"부모님들이 얘들을 여기에 6시까지 있게 하라고 했어."

"아빠가 여기에 안 계셨으면 허락을 해 주셨을 리가 없죠!"

"미안하구나, 막심. 그런 생각은 못 했어."

"얘들은 너무 어려요."

"하지만 얘들도 모임에 참석하고 싶어해. 자기들한테도 상관이 있는 일이라고 하던데."

아빠는 나를 도와줄 생각이 전혀 없었다. 아마 엄마한테 '그냥

peace
2008

알아서 하게 내버려 두라.'는 지시를 받은 모양이었다. 엄마 아빠는 하필 오늘 같은 날 의견이 척척 들어맞을 게 뭐람.

꼬마들은 내 방 입구에 달라붙어 있었다. 몇 명인지 세 봤더니 열한 명이었다. 그 아이들이 모두 방 안으로 비집고 들어와서 바닥 깔개 위에 앉았다. 좁디좁은 내 방에 모두 마흔네 명이 들어오니 사람이 빽빽한 기차역 같았다. 그웬돌린의 얼굴이 완전히 새하얗게 질려 있었다. 너무 하얘서 저녁까지 살아 있을지도 의문이었다. 만약 그웬돌린이 잘못된다면 모두 아빠 탓이다.

나는 엘로이즈에게 완전히 망했다는 손짓을 보내려고 했지만 이미 늦었다.

다리가 스파게티 가락처럼 가느다란 1학년 꼬마 하나가 엘로이즈 무릎 위에 걸터앉아 있었던 것이다. 정말 완전히 망했다.

나는 아이들을 관찰해 보았다. 한 5분 동안은 모두 조용했다. 그러다가 닌자 거북이 티셔츠를 입은 빨간 머리 꼬마가 내 컴퓨터 게임기를 가지고 놀았고, 금발을 양 갈래로 땋은 여자 아이는 내가 한 달 동안 공들여 만든 중세 성 모형을 부수기 시작했다. 그러자 다른 남자 아이가 배를 잡고 웃었다. 내가 색소폰을 집어 들자 아이들은 겁을 집어먹었고, 닌자 거북이 티셔츠 꼬마가 금방이라도 울음을 터뜨릴 것 같은 표정을 지었다.

"이제 그만 해, 꼬마들. 너희 우리가 왜 모였는지 아니?"

모리스가 말했다.

"내가 다 설명해 줬어. 어른들이 공부 못하는 아이들을 위한 반을 없애 버리려 한다는 걸 말이야."

"그래 맞아. 이제 우린 그룹을 나눌 거야. 루이, 르네, 그웬돌린, 너희는 플래카드 그룹을 맡도록 해."

"플래카드에 우리가 바라는 건 다 적어도 돼?"

"좋은 환경에서 공부하고 싶다는 내용을 적는 게 좋겠지."

아무도 내 의견을 귀담아 듣지 않았지만 나는 아이들이 더 좋은 내용을 적기를 바랐고, 나 없이도 잘 해 나가길 바랐다.

닌자 거북이 꼬마가 말했다.

"매직펜 있어?"

나는 아이들에게 저금통을 털어서 산 매직펜, 종이, 마분지랑 셀로판 테이프를 나눠 주고 알아서 하도록 내버려 두었다.

소니아, 베르티, 엘로이즈와 내가 부엌에 앉아 있는데, 에밀리 누나와 쥘 형이 들어왔다.

"너도 참 골 아프게 별 걸 다 신경 쓴다."

그러고는 두 사람은 콜라 한 병을 벌컥벌컥 들이켰다. 나는 누나가 창피했다.

우리는 편지를 어떻게 쓸지 골똘히 생각해 보았다.

어떻게 시작할까? 대통령 귀하? 대통령 할아버지께? 대통령 아저씨께?

갑자기 3학년 남자 아이 하나가 복도를 쏜살같이 뛰어가며 고함을 질렀다.

"끝내 준다, 끝내 줘! 좋은 생각이 났어!"

나는 그 아이 손목을 살짝 붙잡았다. 아이가 울기라도 하면 아빠가 나설 것이고, 어쩌면 모임을 해산시킬 수도 있었기 때문이다. 도무지 마음을 놓을 수가 없었다.

"당장 방으로 돌아가. 넌 방에서 나오면 안 돼. 여기에 오고 싶었지? 그러면 끝날 때까지 기다려야 해. 결정하는 사람은 나야. 알겠니?"

꼬마는 아무 말 없이 내 말을 듣고만 있었다. 왼쪽 눈 주위에 둥그렇게 빨간 매직펜 자국이 나 있었다. 그걸 보니 루이와 르네에게 꼬마들을 맡겨 둔 게 잘 한 것인지 혼란스러워졌다.

다시 부엌으로 돌아가니 여자 아이들이 편지의 첫 문장을 썼다며 보여 주었다.

대통령님께서는 국민 모두의 대통령이시지요.

그래서 저희가 편지를 쓰는 겁니다.

엘로이즈가 '대통령님'이라고 쓰자고 했다. 마리 엘렌 선생님이 예전에 가르쳐 줬던 기억이 떠올랐기 때문이다. 일단 시작하니 뒤 내용은 술술 풀려서 20분 만에 다 썼다.

저희 학생회는 적응반을 없애는 걸 반대합니다.

대통령님께서는 약자 편이라고 하셨지요.

또 모든 사람들이 배울 수 있었으면 좋겠다고 하셨어요.

하지만 공부를 따라가지 못하는 친구들을 위한 적응반을 없애신다면

대통령님은 거짓말쟁이가 되시는 거예요.

저희는 대통령님이 거짓말쟁이라고는 생각하고 싶지 않아요.

대통령님은 국민 모두의 대통령이시니까요.

저희는 대통령님이 이 사실을 모르신다고 생각해서

알려 드리고 싶어요.

부탁드립니다.

적응반을 없애지 말아 주세요.

나는 큰 소리로 편지를 다시 읽어 보았다. 엄마가 교사 모임에 참석하고 돌아온 날 저녁에 그랬던 것처럼 복도 쪽 벽을 바라보며 읽었다. 그 때 엄마는 참 멋있었다.

베르티가 마지막 부분에 다른 내용을 덧붙이자고 했고, 나는 그 의견이 썩 좋다고 생각했다.

만약 적응반을 없애시면,

저희가 어른이 되어서 대통령님을 뽑지 않을 거예요.

마지막 인사를 어떻게 할지 고민이었다. '안녕히 계세요.'라고 해야 할까? 안녕히 계십시오? 그럼 이만?

소니아가 말했다.

"'곧 찾아뵐게요.'는 어때?"

"할아버지한테 편지 쓰는 게 아니잖아!"

베르티 말이 옳았다. 소니아는 대통령에게 어떻게 이야기해야 하는지 전혀 몰랐다.

마지막 인사말을 한창 궁리하고 있는데 루이가 헐레벌떡 부엌으로 들어왔다.

"무슨 일이야?"

“막심, 미안해.”

“말을 해, 말을.”

“막심! 큰일났어. 애들이 제멋대로 난리를 피우고, 말을 전혀 듣지 않아! 네 색소폰도 소용없어. 르네가 그웬돌린 목을 조르고 있어. 그웬돌린은 숨이 막혀서 쌕쌕거리고!”

내 방은 알아볼 수 없을 만큼 엉망이 되어 있었다.

성 모형은 완전히 부서졌고, 침대 매트리스는 바닥에 떨어졌다. 꼬마 두 명이 매트리스 아래에 숨어 있었다. 베개는 엉망으로 찌그러졌고, 벽에는 매직펜 낙서 자국이 가득했다. 그웬돌린은 거의 죽을 지경이었다.

아이들이 나를 보더니 일제히 하던 행동을 멈추었다. 내가 대장이라는 건 잘 알겠지만, 그 모습을 보니 대장 따위는 금방이라도 때려치우고 싶었다.

나는 아이들이 써 놓은 플래카드를 읽어 보았다.

열등생 만세!

브랑다드는 싫어, 샐러드도 싫어!

적응반을 없애지 마세요!

예쁜 선생님이 좋아요!

쉬는 시간 만세! 공부 시간 우웩!

페르디낭 선생님을 대통령으로!

유도랑 사과 주스 오케이!

해골바가지를 잔뜩 그린 플래카드까지 있었다.

엘로이즈가 내 어깨에 손을 얹었지만, 나는 사랑에 빠질 기운조차 없었다.

"너희 머릿속엔 도대체 뭐가 든 거야! 그 플래카드 들고 당장 집으로 가! 너희들 다시는 보고 싶지 않아! 내가 할 말은 이걸로 끝이야!"

말을 마치자마자 나는 욕실로 가서 문을 잠갔다.

르네가 집으로 가기 전에 내게 이야기하러 왔다. 나는 문을 열어 주고 싶지 않았다.

"막심, 우리 8시에 만나기로 했어. 부모님들이랑 선생님들도 오실 거야. 너도 올 거지, 막심? 너 왜 그렇게 화를 내냐? 방 때문에 그래? 깨진 물건이 있으면 보험회사에 보상해 달라고 할게. 우리 아빠가 다 알아서 해 주실 거야. 내 말 듣고 있니, 막심? 방 청소

다 해 줄게, 약속해! 막심, 너도 올 거지? 네가 안 오면 우린 어떻게 하냐?"

르네가 싫은 게 아니었다. 하지만 나는 혼자 있고 싶었다.

엘로이즈가 문 아래 틈 사이로 대통령에게 보내는 편지를 넣어 주며 속삭였다.

"그래도 우리 소용없는 일 한 건 아니지?"

나는 편지를 다시 읽고 마지막에 '이게 저희가 드리고 싶은 말씀이에요.'라고 써 넣었다.

그만하면 성공

대통령에게 쓴 편지의 답장은 오지 않았다. 방학 전날까지 아무 소식이 없는 걸 보니 베르티가 편지 봉투에 주소를 잘못 적은 모양이다.

대표단은 대성공이었다. 엄마, 페르디낭 선생님, 에밀리 누나, 아빠와 교장 선생님까지 그렇게 말했다. 모두 하루 종일 나한테 그 말을 되풀이했다. 기자들까지 와서 사진을 찍어 갔고, 내 사진이 신문에 실렸다. 엄마는 사진을 스크랩했고, 에밀리 누나는 여지없이 샘을 냈다.

우리는 비록 1년뿐이긴 하지만 적응반을 살리는 데 성공했다. 모두 그만하면 성공이라고 했다. 내년에 또 모임을 계속하고, 탄원서를 쓰고, 대표단을 결성하고, '항의', '의의', '제의' 등 수많은 '의'로 끝나는 말을 해야겠지만 말이다.

아빠가 나를 위로했다.

"할 일이 끝도 없지. 하지만 아빤 네가 자랑스럽구나, 막심. 넌 정말 대단했어."

아빠도 우리 대표단과 함께 있었다. 아빠는 엄마가 페르디낭 선생님과 이야기를 나누고 내 친구들이 웃고 떠드는 동안 내 곁에 있었다. 아이들은 우리가 진지한 정치 활동을 한다는 사실을 잊고 마치 가장 행렬이라도 하듯 법석을 떨었다. 나는 그런 친구들 모습이 무척 부끄러웠다.

아빠가 말했다.

"괜찮아, 막심. 그건 그렇고 플래카드가 정말 우습구나."

"웃기려고 만든 거 아니에요."

나는 책임자라는 어른 앞에서 처음부터 끝까지 다 설명했다.

그리고 우리 학교를 잘 알지도 못하면서 학생들한테 묻지도 않고 학교 일에 간섭할 권리가 없다고 말했다. 말을 하는 도중에 갑자기 울음이 터져 나와서 아빠가 손을 꼭 잡아 주었다.

나는 어른들이 적응반을 없애려고 해서 운 게 아니다. 내가 운 이유는 사는 게 너무 힘들기 때문이었다.

부당한 짓을 저지르는 사람들이 편안하게 살고 그런 짓을 저지르지 못하도록 싸우는 사람들은 힘들다는 건 불공평하다.

책임자는 친절하게 웃었지만, 나는 그 아저씨가 싫었다.

내 눈물이 효과가 좋았던 것 같다. 우리는 의기양양하게 학교로 돌아왔다. 친구들이 모두 나를 둘러쌌다. 루이, 르네, 베르티, 소니아, 똑같은 하얀 원피스를 입은 크리스텔과 롤리타, 그웬돌린, 모리스, 카림, 닌자 거북이, 물론 엘로이즈도 있었다. 엘로이즈는 나와 함께 울어서, 나는 엘로이즈가 전보다 훨씬 좋아졌다.

나는 무사히 6학년으로 올라갔다. 6학년 때는 적응반을 없애려는 사람이 없었으면 좋겠고, 에밀리 누나가 나한테 샘을 내지 말았으면 좋겠다.

여전히 페르디낭 선생님이 좋았지만, 나는 이제 선생님이 되고 싶지 않다. 저학년 꼬마들을 맡으면 큰일이니까 말이다.

아빠가 물었다.

"뭐 못마땅한 일이라도 있니, 막심?"

"생각 중이에요, 아빠."

"학예회 준비에 신경 쓰는 게 어떻겠니?"

"별로 생각 없어요."

"에밀리 누나랑 친구들도 참가한다더구나. 너를 위해서 록 콘서트를 준비한다더라."

"랩이에요, 아빠."

"그게 그거지. 기분 좋아?"

"네."

"학기말 학예회잖니. 정말 근사할 거야."

"저도 그렇게 생각해요."

"슬프니?"

"조금요."

"페르디낭 선생님 반이 될 수 없을 것 같아서?"

"어차피 한 번도 된 적이 없는걸요."

"내년에 페르디낭 선생님한테 배우게 된다면 어떻겠니?"

"그럴 리가요."

아빠가 빙그레 웃으며 나를 바라보았다. 아빠는 농담을 하나

본데 하나도 재미가 없었다.

"페르디낭 선생님이 너한테 색소폰을 가르쳐 주신대. 아빠랑 약속하셨어."

"절 가르쳐 주신다고요? 페르디낭 선생님이요?"

나는 아빠를 꼭 안았다. 아빠는 웃었지만 나는 아빠가 숨이 막힐까 봐 걱정되었다.

나는 페르디낭 선생님의 악단에서 함께 연주하는 걸 상상했다. 친구들을 잔뜩 불러서 함께 연주할 수도 있을 것이다. 어쩌면 음악 동호회를 만들 수 있을지도 모른다. 이름은 '빅토르 위고 초등학교 5학년 악단'으로 하고 강당에서 연주할 것이다.

모임을 하면서 만났던 책임자 어른들을 모두 초대하고 입장료도 받아야겠다.

아주 비싸게 받을 것이다.

학생회 신문

|학생회 좌우명|
계단을 오를 땐 살금살금 걷는다.

빅토르 위고 초등학교 ○○○○년 ○월 ○일 제○호

학생회, 적응반 살려

적응반 폐지 1년 간 미뤄진다

학생회가 적응반을 살려 냈다. 선생님들, 부모님들과 함께 정부의 고위 공무원을 만나러 간 학생회 대표단은 마라톤 회의 끝에 1년 간 적응반을 그대로 두겠다는 결론을 이끌어 냈다. 학생회는 몇 달 전부터 정기적으로 모여 체계적으로 적응반 폐지 반대 운동을 준비해 왔다.

/ 마리 기자

◆ 적응반 폐지 설문조사

적응반 학업 향상도

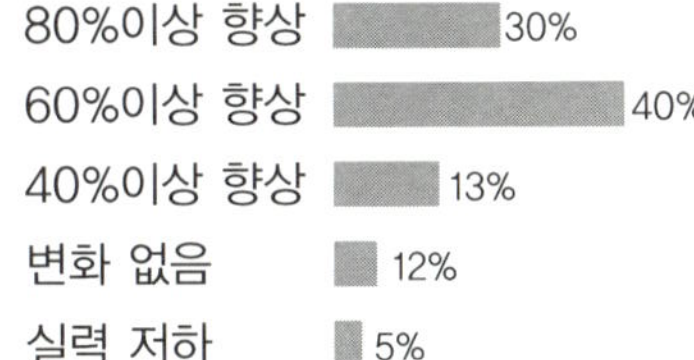

적응반 폐지 찬반 투표 (학생, 교사)

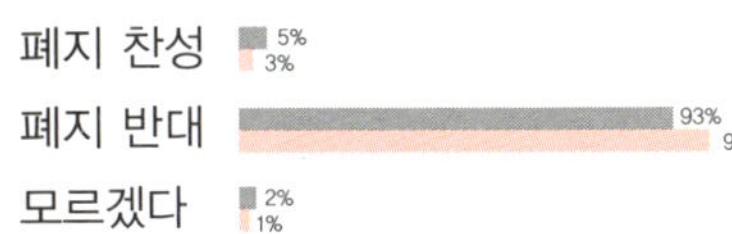

투표율 (학생, 교사)

막심과 엘로이즈 열애

막심과 엘로이즈가 황급히 자리를 피하고 있다.

당사자들은 강력 부인

학생회의 대장인 막심과 이 학생회 소속인 엘로이즈의 열애설이 피어 오르고 있다.

익명을 요구한 한 목격자는 이들이 며칠 전 빈 교실에서 뺨에 입맞춤을 하는 등 애정행각을 하는 것을 보았다고 진술하며 열애설을 뒷받침했다.

한편 당사자들은 이 같은 사실을 강력하게 부인하고 있다.

/ 에밀 기자

공지사항

화려한 학예회 눈길

○○년 학예회가 ○월 ○시 학교 운동장에서 시작된다. 각종 전시 및 공연으로 다채롭게 꾸며질 학예회는 학생회 대장 막심의 친누나가 이끄는 랩 그룹 〈에밀리와 친구들〉의 특별 공연도 함께 열릴 예정이다.

페르디낭 선생님이 꽃다발을 받고 수줍게 웃고 있다.

깜짝 인기 투표

페르디낭 선생님, 최고 인기

페르디낭 선생님이 우리 학교 최고 인기 선생님으로 뽑혔다.

학생회에 따르면 지난 달 이루어진 인기 투표에서 페르디낭 선생님이 65%로 1위를 차지해 인기짱 선생님의 영예를 안았다. 뒤를 이어 마리 엘렌 선생님이 20%, 소피 선생님이 10%, 샤르베 교장 선생님이 5%로 2위, 3위, 4위에 올랐다.

/ 샤롤 기자

정치란 무엇일까요?

정치가 무엇이기에 사람들의 삶을 좌우하는 것일까요?

국어사전에는 정치란 '나라를 다스리는 일' 이라고 나와 있어요. 그렇다면 정치는 대통령 같은 정치인들만 하는 걸까요?

이 책은 독자들에게 '정치란 무엇일까?' 라는 쉽지 않은 질문을 던지고 있어요.

주인공 막심은 열두 살 난 평범한 초등학생이에요. 새 학년에는 좋아하는 페르디낭 선생님의 반이 되기를 기대하고, 좋아하는 여자아이 엘로이즈 앞에 서면 가슴이 뛰던 막심이 정치적인 문제에 관심을 갖고 '정치 활동' 을 시작하게 된 것은 페르디낭 선생님이 다른 선생님들과 함께 적응반이 없어지는 걸 걱정하는 이야기를 하는 것을 들은 다음부터예요. 적응반이란 프랑스어 실력이 좋지 않은 외국 학생들이나 수업을 제대로 따라가지 못하는 학생들을 모아서 교육하는 학급인데, 적응반에서 공부하던 학생들이 실력이 좋아지게 되면 다시 일반 학급으로 가게 되지요.

막심은 적응반 친구들을 돕기 위해 반 아이들을 모아 '학생회' 를 만들고 자기 방에서 '정치 모임' 을 열어요. 그러면서 막심은 개성과 의견이 각기 다른 아이들을 '적응반을 없애지 말자' 는 하나의 '대의' 로 이끄는 게 무척 어렵다는 사실을 알게 된답니다.

이 책을 읽다 보면 아빠, 엄마, 에밀리 누나, 반 친구들, 페르디낭 선생님과 마리엘렌 선생님, 샤르베 교장 선생님 등 막심의 주변 인물들의 개성이 하나같이 무척 뚜렷하여 읽는 재미를 더해 주어요.

엄마는 지하철에서 노숙하는 젊은이들을 보고 사회를 걱정하는 고등학교 교사예요. 엄마는 막심이 적응반 아이들을 돕고 싶다는 말을 했을 때, 학생회를 만들어서 아이들을 모아 보라고 이야기하며 알아서 잘 해 보라고 격려하지요. 그런 엄마를 세상 물정 모른다고 생각하는 아빠는 막심에게 "넌 아직 그런 일에 관심을 갖기는 너무 어려."라고 이야기해요. 샤르베 교장 선생님도 막심에게 똑같은 이야기를 하고요.

대부분 부모님들의 생각은 아마도 아빠와 교장 선생님과 같을 거예요. 멀쩡히 공부 잘하던 내 아이가 어느 날 자기와는 상관도 없는 친구들의 권리를 보호하겠다고 학생회를 만들어서 정치 모임을 한다면 "넌 정치에 관심을 갖기엔 너무 어려. 그냥 공부나 해."라고 말할지도 몰라요.

하지만 정치는 정치인들만 하는 게 아니라, 사람이 태어나서 사회 생활을 하게 되면서부터 평생 동안 하는 일이에요. 그래서 사람을 가리켜 '호모 폴리티쿠스'(정치적 인간)라고도 말해요.

막심에게 정치란 '우리 삶 속에 있는 사회적인 문제를 발견하고, 그 문제를 해결하려 하는 것'이에요. 비록 문제를 해결하는 과정이 너무나 힘들어 눈물이 날 지경이라도 말이에요.

결국 이 책은 나와 내 주변의 일에 관심을 갖는 것이 정치 활동의 시작이라고 말하고 있는 거랍니다.

이희정